Découvrez l'histoire par les archives de presse

RETRONEWS

Le site de presse de la BnF

www.retronews.fr

ALMANACH

DU

TRUFFICULTEUR

POUR L'ANNÉE 1899

EXPOSÉ COMPLET

Des travaux à faire chaque mois pour l'entretien des truffières en production

ET LA CRÉATION DE TRUFFIÈRES NOUVELLES

Découvertes récentes faites par M. le duc de Lesparre.
Tableaux des marchés aux truffes. — Foires aux bestiaux.
Formalités à remplir pour l'expédition des colis postaux en France
et à l'étranger. — Recettes culinaires, etc., etc.

PAR

A. DE BOSREDON

Ancien Député, ancien Sénateur, auteur du *Manuel du Trufficulteur*
Syndic de la Société des Agriculteurs du Périgord
Lauréat de l'Institut de France.

PRIX 1 fr. 25.

EN VENTE :

VILLEFRANCHE-DE-ROUERGUE	PÉRIGUEUX
SOCIÉTÉ ANONYME D'IMPRIMERIE	LIBRAIRIE SENGENCE AINÉ
J. BARDOUX DIRECTEUR	COURS MONTAIGNE

CHEZ L'AUTEUR

Au Château de la Fauconnie, par Terrasson (Dordogne).

OUVRAGES DU MÊME AUTEUR

Manuel du trufficulteur. — Périgueux, imprimerie Laporte, 1887. — Ouvrage couronné par l'Institut de France, le 11 décembre 1889 (épuisé). Prix .... **4 fr. 50**

Encépagement des nouveaux vignobles à créer en Périgord et dans les contrées voisines de la Dordogne. — Périgueux, imprimerie Cassard frères, 1893. Prix .... **1 fr.**

Conférence sur la trufficulture. — Périgueux, imprimerie de la Dordogne, 1894. Prix .... **2 fr.**

Culture du pêcher et de l'amandier en plein vent. — Choix et description des meilleures espèces pour ce genre de culture. — Montpellier, imprimerie Serre et Rouméjoux, 1896 (Bibliothèque du **Progrès agricole**). Prix .... **O fr. 50**

SOCIÉTÉ ANONYME D'IMPRIMERIE DE VILLEFRANCHE-DE-ROUERGUE
Jules Bardoux, Directeur.

Année 1899.

Année 1899 du calendrier grégorien, établi en octobre 1582, depuis 316 ans ; elle commence le dimanche 1er janvier.

— 1899 du calendrier julien ou russe ; commence 12 jours plus tard, le vendredi 13 janvier.

— 107 du calendrier républicain français ; commence le vendredi 23 septembre 1898, et l'année 108 commence le samedi 23 septembre 1899.

— 2652 de la fondation de Rome.

— 5659 de l'ère des Juifs.

— 1316 de l'hégire, calendrier turc.

— 35 du 76e cycle du calendrier chinois.

COMMENCEMENT DES QUATRE SAISONS

Printemps...	Le 20 mars à 7 h. 55 m. du soir.
Été.........	Le 21 juin à 3 h. 54 m. du soir.
Automne....	Le 23 septembre à 6 h. 39 m. du matin.
Hiver.......	Le 22 décembre à 1 h. 5 m. du matin.

COMPUT ECCLÉSIASTIQUE

		QUATRE-TEMPS	
Nombre d'or.................	19	Février............	22, 24 et 25.
Épacte......................	18	Mai................	24, 26 et 27.
Cycle solaire................	4	Septembre.........	20, 22 et 23.
Indiction...................	12	Décembre..........	20, 22 et 23.
Lettre dominicale...........	A		

FÊTES MOBILES

Septuagésime....	29 janvier.	Pentecôte	21 mai.
Cendres	15 février.	Trinité..........	28 mai.
Pâques	2 avril.	Fête-Dieu	1er juin.
Rogations	8, 9 et 10 mai.	1er dim. de l'Avent.	3 décembre.
Ascension	11 mai.		

ÉCLIPSES

1° Éclipse partielle de soleil, le 11 janvier 1899, invisible à Paris.

2° Eclipse partielle de soleil, le 8 juin 1899, visible à Paris (commencement de l'éclipse, 4 h. 50 m. du matin ; fin de l'éclipse, 8 h. 36 m. du matin).

3° Eclipse totale de lune, le 22-23 juin 1899, invisible à Paris.

4° Eclipse annulaire de soleil, le 2 décembre 1899, invisible à Paris.

5° Eclipse partielle de lune, le 16 décembre 1899, visible à Paris (commencement de l'éclipse, 10 h. 41 m. du soir ; fin, le 17 à 4 h. 28 m. du matin).

JANVIER

Le jour est de 8 heures 16 min. le 1er, et de 9 heures 18 min. le 31.
Il croît pendant ce mois de 1 heure 2 minutes.

JOUR			FÊTES RELIGIEUSES	SOLEIL		LUNE			
du mois	de la semaine	de l'année	FÊTES MOBILES — NOMS DES SAINTS	Heures du lever	Heures du coucher	Heures du lever	Heures du coucher	Âge de la lune	Phases de la lune
				h. m.	h. m.	soir h. m.	matin h. m.	jours	
1	Dim	0	Circoncision.	7 56	4 12	9 8	9 50	19	
2	Lun	1	S. Isidore.	7 56	4 13	10 14	10 7	20	
3	Mar	2	Ste Geneviève.	7 56	4 14	11 21	10 24	21	
4	Mer	3	S. Théophile.	7 56	4 15	matin	10 47	22	
5	Jeu	4	S. Siméon.	7 56	4 16	0 31	11 2	23	☾ D. Q.
6	Ven	5	Epiphanie.	7 55	4 17	1 44	11 26	24	le 5
7	Sam	6	S. Raymond.	7 55	4 18	2 59	soir	25	à 3ʰ 31ᵐ
8	Dim	7	S. Lucien.	7 55	4 20	4 16	0 37	26	du matin
9	Lun	8	Ste Alice.	7 54	4 21	5 30	1 30	27	
10	Mar	9	S. Guillaume.	7 54	4 22	6 34	2 38	28	
11	Mer	10	S. Théodore.	7 53	4 23	7 26	3 59	29	● N. L.
12	Jeu	11	S. Arcadius.	7 53	4 25	8 6	5 26	0	le 11
13	Ven	12	Bapt. de N.-S. J.-C.	7 52	4 26	8 37	6 53	1	à 10ʰ 59ᵐ
14	Sam	13	S. Hilaire.	7 52	4 27	9 3	8 17	2	du soir
15	Dim	14	S. Maur.	7 51	4 29	9 25	9 37	3	
16	Lun	15	S. Marcel.	7 50	4 30	9 46	10 55	4	
17	Mar	16	S. Antoine.	7 49	4 32	10 6	matin	5	
18	Mer	17	Ch. de S. Pierre.	7 49	4 33	10 29	0 10	6	☽ P. Q.
19	Jeu	18	S. Lomer.	7 48	4 35	10 55	1 23	7	le 18
20	Ven	19	S. Sébastien.	7 47	4 36	11 20	2 33	8	à 4ʰ 55ᵐ
21	Sam	20	Ste Agnès.	7 46	4 38	soir	3 59	9	du soir
22	Dim	21	S. Vincent.	7 45	4 39	0 47	4 38	10	
23	Lun	22	S. Raymond.	7 44	4 41	1 40	5 29	11	
24	Mar	23	Ste Dorothée.	7 43	4 42	2 39	6 11	12	
25	Mer	24	Conv. de S. Paul.	7 42	4 44	3 42	6 46	13	
26	Jeu	25	S. Polycarpe.	7 41	4 46	4 47	7 13	14	☉ P. L.
27	Ven	26	S. Jean Chrysost.	7 39	4 47	5 53	7 37	15	le 26
28	Sam	27	Ste Agnès.	7 38	4 49	6 59	7 56	16	à 7ʰ 44ᵐ
29	Dim	28	Septuagésime.	7 37	4 50	8 5	8 15	17	du soir.
30	Lun	29	Ste Martine.	7 36	4 52	9 12	8 32	18	
31	Mar	30	Ste Marcelle.	7 34	4 54	10 20	8 49	19	

Périodes lunaires les plus favorables aux travaux et plantations pour trufficulture : du 14 au 22, pourvu que la température soit propice.

MOIS DE JANVIER

Récolte et emploi des truffes.

Le mois de janvier est celui pendant lequel on récolte les meilleures truffes, à la condition toutefois qu'elles n'aient pas été détériorées par de fortes gelées, ce qui malheureusement arrive parfois. (Voir à la page 73 les conseils à mettre en pratique pour bien faire cette récolte.)

Janvier est aussi le mois des étrennes. Une belle dinde truffée ou une bourriche de belles truffes sont des cadeaux de premier de l'an fort appréciés en tout pays.

Trufficulteurs, pour les étrennes que vous avez à faire, expédiez simplement vos précieux produits. Pour vous aider dans ces envois, vous trouverez à la page 81 la méthode convenable pour bien dresser une dinde truffée ; à la page 83, les règles à suivre pour bien arranger vos truffes dans les bourriches ; aux pages 85 à 97, le mode d'envoi que vous devrez préférer suivant le pays où l'expédition sera faite, et les formalités à remplir pour que tout arrive à bon port.

Entretien et création de truffières.

Rien à faire dans le sol des truffières en production, en fait de labours ou de sarclages ; mais donner un labour uniforme et superficiel dans les terrains que l'on se propose de planter dans le courant de l'hiver ou au printemps pour y créer des truffières. (Voir, pour ces travaux, les conseils donnés aux pages 43 et 44.)

FÉVRIER

Le jour est de 9 heures 22 min. le 1er, et de 10 heures 53 min. le 28.
Il croît pendant ce mois de 1 heure 31 minutes.

JOUR			FÊTES RELIGIEUSES	SOLEIL		LUNE			
du mois	de la semaine	de l'année	FÊTES MOBILES — NOMS DES SAINTS	Heures du lever	Heures du coucher	Heures du lever	Heures du coucher	Âge de la lune	Phases de la lune
				h. m.	h. m.	soir h. m.	soir h. m.	jours	
1	Mer	31	S. Ignace.	7 33	4 55	11 30	9 8	20	
2	Jeu	32	Purification.	7 32	4 57	matin	9 30	21	
3	Ven	33	S. Blaise.	7 30	4 59	0 42	9 57	22	
4	Sam	34	S. Gilbert.	7 29	5 0	1 56	10 31	23	☽ D. Q.
5	Dim	35	Sexagésime.	7 27	5 2	3 9	11 16	24	le 3
6	Lun	36	Ste Dorothée.	7 26	5 4	4 15	soir	25	à 5h 34m
7	Mar	37	S. Romuald.	7 24	5 5	5 12	1 28	26	du soir
8	Mer	38	S. Jean de Matha.	7 23	5 7	5 57	2 50	27	
9	Jeu	39	Ste Apolline.	7 21	5 9	6 33	4 16	28	
10	Ven	40	S. Agathon.	7 19	5 10	7 1	5 43	0	● N. L.
11	Sam	41	S. Séverin.	7 18	5 12	7 25	7 7	1	le 10
12	Dim	42	Quinquagésime.	7 16	5 14	7 18	8 29	2	à 9h 41m
13	Lun	43	S. Grégoire ll.	7 14	5 15	8 9	9 48	3	du matin
14	Mar	44	Mardi gras.	7 13	5 17	8 32	11 4	4	
15	Mer	45	Cendres.	7 11	5 19	8 57	matin	5	
16	Jeu	46	S. Gabriel, arch.	7 9	5 20	9 26	0 18	6	
17	Ven	47	Ste Marianne.	7 8	5 22	10 2	1 27	7	☾ P. Q.
18	Sam	48	S. Siméon.	7 6	5 24	10 44	2 30	8	le 17
19	Dim	49	Quadragésime.	7 4	5 25	11 34	3 24	9	à 9h 1m
20	Lun	50	S. Eleuthère.	7 2	5 27	soir	4 10	10	du matin
21	Mar	51	S. Patère.	7 0	5 28	1 33	4 47	11	
22	Mer	52	Quatre-Temps.	6 58	5 30	2 37	5 17	12	
23	Jeu	53	S. Pierre Damien.	6 56	5 32	3 43	5 41	13	
24	Ven	54	S. Mathias. Q.-T.	6 55	5 33	4 49	6 2	14	
25	Sam	55	S. Césaire. Q.-T.	6 53	5 35	5 55	6 21	15	○ P. L.
26	Dim	56	Reminiscere.	6 51	5 36	7 2	6 39	16	le 25
27	Lun	57	S. Alexis.	6 49	5 38	8 10	6 57	17	à 9h 25m
28	Mar	58	Ste Honorine.	6 49	5 40	9 20	7 16	18	du soir.

Périodes lunaires les plus favorables aux travaux et plantations pour
trufficulture : aucune période favorable cette année au cours de ce mois.

MOIS DE FÉVRIER

Récolte et emploi des truffes.

Mois du carnaval et des repas somptueux! — Grande consommation de truffes, par suite obligatoire!

Trufficulteurs, préparez vos bourriches, mais ne les garnissez pas longtemps à l'avance, car la truffe de février n'est pas de longue garde. — Faites un triage parfait et des plus minutieux; car il y a dans cette saison beaucoup de truffes véreuses à l'intérieur de la pulpe, sans indices bien visibles à l'extérieur. — D'autre part, et comme compensation, les truffes saines sont excellentes et très parfumées.

C'est encore le moment de la consommation des plus fins produits de l'art culinaire dans lesquels la truffe entre comme le condiment indispensable. Galantines, pâtés froids, ballotines, croûtes aux truffes, sont servis sur toutes les tables. (Voir pages 81 à 83 les recettes de tous ces mets exquis.)

Entretien et création des truffières.

De même qu'en janvier, aucun travail à faire au cours de ce mois dans le sol des truffières en production; mais on peut commencer les élagages des chênes truffiers producteurs. (Voir à la page 52 les conseils à suivre pour ce travail des plus délicats.)

Continuer les labours commencés en janvier pour préparer les plantations; ouvrir les trous; mais ne faire aucune plantation pendant la lune qui a pris naissance en février; les remettre en mars. (Voir à la page 45 les explications à ce sujet.)

MARS

Le jour est de 10 heures 56 min. le 1ᵉʳ, et de 12 heures 44 min. le 31.
Il croît pendant le mois de 1 heure 47 minutes.

du mois	de la semaine	de l'année	FÊTES RELIGIEUSES — FÊTES MOBILES — NOMS DES SAINTS	SOLEIL Heures du lever	Heures du coucher	LUNE Heures du lever	Heures du coucher	Âge de la lune	Phases de la lune
				h. m.	h. m.	soir h. m.	matin h. m.	jours	
1	Mer	59	S. Albin.	6 45	5 41	10 32	7 37	19	
2	Jeu	60	S. Simplicien.	6 43	5 43	11 45	8 2	20	
3	Ven	61	Sᵗᵉ Cunégonde.	6 41	5 44	matin	8 33	21	
4	Sam	62	S. Casimir.	6 39	5 46	0 56	9 14	22	
5	Dim	63	Oculi.	6 37	5 48	2 3	10 6	23	☽ D. Q. le 5 à 4ʰ 16ᵐ du matin
6	Lun	64	Sᵗᵉ Colette.	6 35	5 49	3 2	11 10	24	
7	Mar	65	S. Thomas d'Aquin.	6 33	5 51	3 50	soir	25	
8	Mer	66	S. Jean de Dieu.	6 31	5 52	4 28	1 47	26	
9	Jeu	67	Sᵗᵉ Françoise.	6 29	5 54	4 59	3 11	27	
10	Ven	68	S. Hugues.	6 27	5 55	5 25	4 35	28	
11	Sam	69	S. Euloge.	6 25	5 57	5 48	5 57	29	● N. L. le 11 à 8ʰ 2ᵐ du soir
12	Dim	70	Lætare.	6 23	5 58	6 10	7 18	0	
13	Lun	71	Sᵗᵉ Euphrasie.	6 20	6 0	6 33	8 38	1	
14	Mar	72	Sᵗᵉ Mathilde.	6 18	6 2	6 57	9 55	2	
15	Mer	73	S. Zacharie.	6 16	6 3	7 26	11 8	3	
16	Jeu	74	S. Cyrille.	6 14	6 5	7 59	matin	4	
17	Ven	75	Sᵗᵉ Gertrude.	6 12	6 6	8 40	0 15	5	
18	Sam	76	S. Alexandre.	6 10	6 8	9 28	1 14	6	
19	Dim	77	Passion. — S. Joseph.	6 8	6 9	10 23	2 4	7	☾ P. Q. le 19 à 3ʰ 33ᵐ du matin
20	Lun	78	S. Wulfran.	6 6	6 11	11 23	2 44	8	
21	Mar	79	S. Benoît.	6 4	6 12	soir	3 17	9	
22	Mer	80	S. Fidèle.	6 2	6 14	1 32	3 44	10	
23	Jeu	81	S. Cessateur, év. de Limoges.	5 59	6 15	2 37	4 6	11	
24	Ven	82	S. Simon.	5 57	6 17	3 43	4 26	12	
25	Sam	83	Annonciation.	5 55	6 18	4 50	4 45	13	
26	Dim	84	Rameaux.	5 53	6 20	5 58	5 3	14	
27	Lun	85	Sᵗᵉ Augusta.	5 51	6 21	7 8	5 22	15	☉ P. L. le 27 à 6ʰ 28ᵐ du matin
28	Mar	86	S. Gontran.	5 49	6 23	8 20	5 42	16	
29	Mer	87	Sᵗᵉ Agnès.	5 47	6 24	9 34	6 7	17	
30	Jeu	88	Jeudi saint.	5 45	6 26	10 46	6 37	18	
31	Ven	89	Vendredi saint.	5 43	6 27	11 56	7 15	19	

Périodes lunaires les plus favorables aux travaux et plantations pour trufficulture : du lundi 13 au dimanche 26, c'est-à-dire du premier au quatorzième jour de la lune de mars.

MOIS DE MARS

Récolte et emploi des truffes.

La récolte des truffes touche à sa fin, — c'est à grand'peine qu'on arrive à en trouver encore quelques-unes en faisant fouiller profondément le sol par les porcs. Les tubercules récoltés dans cette saison sont d'ailleurs d'un très petit volume, et souvent véreux ; mais ceux qui sont encore sains ont un parfum exquis et très prononcé, dû à leur maturité complète. — Par suite, la truffe récoltée en mars est d'une conservation difficile, et doit être promptement consommée ou mise en boîtes soudées avec une forte cuisson.

Entretien et création des truffières.

Il est encore trop tôt pour travailler le sol des truffières en production ; mais le moment est venu de procéder à la taille ou au récurage des chênes et autres arbres truffiers. (Voir page 52 les conseils à ce sujet.)

Le mois de mars est l'époque des grands travaux de semis de glands et des plantations de printemps pour la trufficulture. (Voir, pour ces travaux, pages 44 à 51.)

Les nombreux trufficulteurs qui croient à l'influence lunaire ne commenceront toutefois ces travaux qu'après le 12 mars, c'est-à-dire après la fin de la lune née en février, et qui est regardée comme aussi néfaste aux trufficulteurs qu'aux vignerons, et ils feront leurs semis et plantations en lune nouvelle de mars.

1.

AVRIL

Le jour est de 12 heures 48 min. le 1er, et de 14 heures 29 min. le 30.
Il croît pendant ce mois de 1 heure 39 minutes.

du mois	de la semaine	de l'année	FÊTES RELIGIEUSES — FÊTES MOBILES — NOMS DES SAINTS	SOLEIL		LUNE			
				Heures du lever	Heures du coucher	Heures du lever	Heures du coucher	Âge de la lune	Phases de la lune
				h. m.	h. m.	matin h. m.	matin h. m.	jours	
1	Sam	90	Samedi saint.	5 41	6 29		8 3	20	
2	Dim	91	Paques.	5 38	6 30	0 56	9 4	21	
3	Lun	92	S. Ambroise.	5 36	6 31	1 46	10 14	22	☽ D. Q. le 3
4	Mar	93	S. Vincent Ferrier.	5 34	6 33	2 27	11 32	23	à 0ʰ 5ᵐ
5	Mer	94	Sᵗᵉ Irène.	5 32	6 34	2 59	soir	24	du soir
6	Jeu	95	S. Célestin.	5 30	6 36	3 26	2 13	25	
7	Ven	96	S. Hugues.	5 28	6 37	3 49	3 33	26	
8	Sam	97	S. Albert.	5 26	6 39	4 12	4 52	27	
9	Dim	98	Quasimodo.	5 24	6 40	4 34	6 11	28	
10	Lun	99	S. Macaire.	5 22	6 42	4 57	7 29	0	● N. L. le 10
11	Mar	100	S. Léon.	5 20	6 43	5 24	8 45	1	à 6ʰ 30ᵐ
12	Mer	101	S. Jules.	5 18	6 45	5 56	9 56	2	du matin
13	Jeu	102	S. Marcellin.	5 16	6 46	6 34	11 0	3	
14	Ven	103	S. Tiburce.	5 14	6 48	7 20	11 54	4	
15	Sam	104	Sᵗᵉ Anastasie.	5 12	6 49	8 12	matin	5	
16	Dim	105	Bon Pasteur.	5 10	6 51	9 11	0 39	6	
17	Lun	106	S. Anicet.	5 8	6 52	10 14	1 15	7	☾ P. Q. le 17
18	Mar	107	S. Amédée.	5 6	6 54	11 19	1 44	8	à 10ʰ 52ᵐ
19	Mer	108	S. Léon, pape.	5 4	6 55	soir	2 9	9	du soir
20	Jeu	109	Sᵗᵉ Anaïs.	5 2	6 57	1 29	2 29	10	
21	Ven	110	S. Anselme.	5 0	6 58	2 35	2 48	11	
22	Sam	111	Sᵗᵉ Opportune.	4 58	7 0	3 42	3 7	12	
23	Dim	112	S. Georges.	4 57	7 1	4 52	3 25	13	
24	Lun	113	S. Fidèle.	4 55	7 3	6 3	3 46	14	
25	Mar	114	S. Marc.	4 53	7 4	7 17	4 9	15	☉ P. L. le 25
26	Mer	115	S. Marcellin.	4 51	7 6	8 32	4 37	16	le 25
27	Jeu	116	S. Polycarpe.	4 49	7 7	9 44	5 13	17	à 7ʰ 31ᵐ
28	Ven	117	S. Vital.	4 48	7 8	10 49	5 59	18	du soir
29	Sam	118	S. Robert.	4 46	7 10	11 43	6 57	19	
30	Dim	119	S. Eutrope.	4 44	7 11	12 27	8 6	20	

Périodes lunaires les plus favorables aux travaux et plantations pour trufficulture : du mardi 11 au dimanche 23.

MOIS D'AVRIL

Récolte et emploi des truffes.

La récolte des truffes est terminée; les fouilles les plus minutieuses ne mettraient à découvert que de rares tubercules à peine gros comme des noisettes et presque tous véreux. Pour les besoins de l'art culinaire il faut avoir recours aux conserves. Les gourmets n'y perdront rien; car les conserves de truffes bien réussies sont aussi savoureuses et généralement plus parfumées que les truffes fraîches. (Voir, à la page 78, les règles à suivre pour confectionner des conserves de truffes irréprochables.)

Entretien et création des truffières.

C'est dans la seconde quinzaine d'avril, lorsque la température est favorable, que l'on commence généralement à donner un léger labour ou sarclage au sol des truffières en production. A partir du 12 avril, et jusqu'à la fin du mois, la période lunaire sera très propice pour ce travail très important. (Voir, à ce sujet, l'article spécial, page 56.)

Continuation des semis de glands stratifiés de chênes truffiers à partir du mardi 11, soit en pépinière, soit à demeure. Continuation des plantations de chênes noirs et blancs jusqu'à la fin du mois, en prenant de préférence les plants dont la végétation est le moins avancée.

Commencement des plantations des chênes verts (yeuses) à partir du 16 (voir culture du chêne vert, page 45), continuation et fin des élagages des chênes truffiers.

MAI

Le jour est de 14 heures 31 min. le 1ᵉʳ, et de 15 heures 46 m. le 31.
Il croît pendant ce mois de 1 heure 55 minutes.

du mois	de la semaine	de l'année	FÊTES RELIGIEUSES — FÊTES MOBILES — NOMS DES SAINTS	SOLEIL Heures du lever	Heures du coucher	LUNE Heures du lever	Heures du coucher	Âge de la lune	Phases de la lune
				h. m.	h. m.	matin h. m.	matin h. m.	jours	
1	Lun	120	S. Philip. et S. Jacq.	4 42	7 13	0 27	9 22	21	☽ D. Q.
2	Mar	121	S. Athanase.	4 41	7 14	1 4	10 41	22	le 2
3	Mer	122	Inv. de la Sᵗᵉ Croix.	4 39	7 16	1 29	soir	23	à 5ʰ 26ᵐ
4	Jeu	123	Sᵗᵉ Monique.	4 37	7 17	1 53	1 19	24	du soir
5	Ven	124	S. Augustin.	4 36	7 19	2 15	2 36	25	
6	Sam	125	S. Jean Porte Latine.	4 34	7 20	2 37	3 53	26	
7	Dim	126	S. Stanislas.	4 32	7 21	2 59	5 10	27	
8	Lun	127	Rogations.	4 31	7 23	3 24	6 25	28	● N. L.
9	Mar	128	Id. S. Grégoire.	4 29	7 24	3 54	7 37	29	le 9
10	Mer	129	Id. S. Isidore.	4 28	7 26	4 29	8 44	0	à 5ʰ 48ᵐ
11	Jeu	130	Ascension.	4 26	7 27	5 11	9 43	1	du soir
12	Ven	131	S. Pancrace.	4 25	7 28	6 2	10 32	2	
13	Sam	132	Sᵗᵉ Ida.	4 24	7 30	6 59	11 12	3	
14	Dim	133	S. Boniface.	4 22	7 31	8 1	11 44	4	
15	Lun	134	S. Isidore.	4 21	7 32	9 5	matin	5	☾ P. Q.
16	Mar	135	S. Honoré.	4 20	7 34	10 10	0 10	6	le 17
17	Mer	136	S. Pascal.	4 18	7 35	11 15	0 32	7	à 5ʰ 22ᵐ
18	Jeu	137	S. Venant.	4 17	7 36	soir	0 52	8	du soir
19	Ven	138	S. Yves.	4 16	7 38	1 26	1 10	9	
20	Sam	139	S. Bernardin.	4 15	7 39	2 33	1 28	10	
21	Dim	140	Pentecôte.	4 13	7 40	3 43	1 48	11	
22	Lun	141	S. Loup de Limoges.	4 12	7 41	4 56	2 9	12	○ P. L.
23	Mar	142	S. Didier.	4 11	7 42	6 11	2 35	13	le 23
24	Mer	143	Quatre-Temps.	4 10	7 44	7 25	3 8	14	à 5ʰ 58ᵐ
25	Jeu	144	S. Urbain.	4 9	7 45	8 35	3 50	15	du matin
26	Ven	145	S. Philip. de Néri. q.-t.	4 8	7 46	9 33	4 43	16	
27	Sam	146	Sᵗᵉ Restitue. q.-t.	4 7	7 47	10 24	5 32	17	
28	Dim	147	Trinité.	4 7	7 48	11 2	7 8	18	☽ D. Q.
29	Lun	148	S. Augustin.	4 6	7 49	11 33	8 28	19	le 31
30	Mar	149	S. Félix.	4 5	7 50	11 58	9 50	20	à 11ʰ 4ᵐ
31	Mer	150	Sᵗᵉ Angèle.	4 4	7 51	. .	11 9	21	du matin

Périodes lunaires les plus favorables aux travaux et plantations pour trufficulture : du vendredi 12 au dimanche 21 pour la plantation des chênes verts ; c'est dans la même période qu'il convient d'achever le travail du sol des truffières en production.

MOIS DE MAI

Soins à donner aux conserves.

Examiner avec soin les boîtes de conserves faites pendant l'hiver; si l'on découvrait à la surface quelques taches de rouille, il faudrait les frotter avec un tampon imbibé d'huile d'olive, de façon à détruire la rouille et à l'empêcher de se propager. Si ces taches étaient nombreuses, il faudrait les frotter avec un tampon imbibé de pétrole, puis les huiler.

Les boîtes dont les couvercles se sont bombés devront être mises de côté pour être traitées comme il est dit à la page 78; celles qui sont restées intactes seront placées dans un endroit frais, mais non humide, et le plus possible à l'abri des variations de température.

Entretien et création des truffières.

Planter les chênes verts (yeuses). (Voir l'article spécial, page 45.) Continuer les labours et sarclages du sol des truffières en production là où ces travaux n'ont pu être exécutés en avril.

Visiter les plantations faites en hiver et au printemps; leur donner un léger sarclage en buttant la terre à la base de leur tige; extirper toutes les herbes nées dans leur voisinage. Rabattre à une hauteur de 20 à 30 centimètres au-dessus du sol les sujets plantés en hiver et au printemps et qui paraîtraient se dessécher au sommet de leur tige.

La première quinzaine de mai est un moment très favorable pour commencer sur les feuilles de chênes les ensemencements de spores de truffes conseillés par M. le duc de Lesparre.

JUIN

Le jour est de 15 heures 49 min. le 1er, et de 16 heures 2 min. le 30.
Il croît de 17 minutes du 1er au 21, et décroît de 4 minutes du 21 au 30.

JOUR			FÊTES RELIGIEUSES — FÊTES MOBILES — NOMS DES SAINTS	SOLEIL		LUNE			Phases de la lune
du mois	de la semaine	de l'année		Heures du lever	Heures du coucher	Heures du lever	Heures du coucher	Age de la lune	
				h. m.	h. m.	matin h. m.	soir h. m.	jours	
1	Jeu	151	Fête-Dieu.	4 3	7 52	0 21	0 26	22	
2	Ven	152	S. Marcellin.	4 3	7 53	0 42	1 43	23	
3	Sam	153	Ste Clotilde.	4 2	7 54	1 4	2 58	24	
4	Dim	154	S. Franç. Caracciolo.	4 1	7 55	1 28	4 12	25	
5	Lun	155	S. Germain.	4 0	7 56	1 55	5 24	26	
6	Mar	156	S. Norbert.	4 0	7 57	2 27	6 32	27	
7	Mer	157	S. Claude.	4 0	7 58	3 6	7 33	28	● N. L. le 8 à 6h 30m du matin
8	Jeu	158	S. Médard.	3 59	7 58	3 54	8 26	0	
9	Ven	159	Ste Angèle.	3 59	7 59	4 48	9 9	1	
10	Sam	160	Ste Marguerite.	3 59	8 0	5 49	9 44	2	
11	Dim	161	S. Barnabé.	3 58	8 0	6 53	10 12	3	
12	Lun	162	S. Nabor.	3 58	8 1	7 57	10 36	4	
13	Mar	163	S. Antoine de Padoue.	3 58	8 2	9 2	10 56	5	
14	Mer	164	S. Basile.	3 58	8 2	10 7	11 15	6	
15	Jeu	165	Ste Germaine.	3 58	8 3	11 11	11 33	7	☽ P. Q. le 16 à 9h 56m du matin
16	Ven	166	Apparit. de N.-S. à S. Martial.	3 58	8 3	soir	11 51	8	
17	Sam	167	S. Avit.	3 58	8 4	1 24	matin	9	
18	Dim	168	Ste Marine.	3 58	8 4	2 34	0 11	10	
19	Lun	169	S. Gerv. et S. Prot.	3 58	8 4	3 47	0 34	11	
20	Mar	170	S. Silvère.	3 58	8 4	5 1	1 3	12	
21	Mer	171	S. Louis de Gonzague.	3 58	8 5	6 14	1 40	13	
22	Jeu	172	S. Paulin.	3 58	8 5	7 19	2 28	14	◯ P. L. le 23 à 2h 29m du soir
23	Ven	173	S. François de Sales.	3 59	8 5	8 15	3 30	15	
24	Sam	174	Nat. de S. Jean-Bapte.	3 59	8 5	8 59	4 44	16	
25	Dim	175	S. Guillaume.	3 59	8 5	9 33	6 6	17	
26	Lun	176	S. Jean et S. Paul.	4 0	8 5	10 1	7 30	18	
27	Mar	177	S. Ladislas.	4 0	8 5	10 26	8 53	19	☾ D. Q. le 30 à 4h 54m du matin
28	Mer	178	Ste Irène.	4 0	8 5	10 48	10 13	20	
29	Jeu	179	S. Pierre et S. Paul.	4 1	8 5	11 33	11 31	21	
30	Ven	180	S. Martial.	4 2	8 5	11 59		22	

Périodes lunaires les plus favorables aux travaux et plantations pour trufficulture : du vendredi 9 au dimanche 24, pour les labours et sarclages des truffières en production, que l'on n'aurait pas pu travailler en mai.

MOIS DE JUIN

Récolte de la truffe d'été.

Dans le mois de juin on récolte les truffes d'été, *Tuber æstivum, Tuber mesentericum*), généralement connues sous les noms de *Jouanenco* et *Maïenco*. Ces truffes viennent dans des truffières spéciales, et non dans celles où l'on récolte la truffe noire d'hiver; elles sont belles et comestibles, mais leur chair est blanche et sans aucun parfum; aussi elles n'ont aucun mérite pour les préparations culinaires, et aucune valeur commerciale.

Entretien et création des truffières.

Continuer jusqu'à la Saint-Jean les labours et sarclages des truffières en production que l'on n'aurait pu exécuter encore; passé ce délai, tout travail de ce genre serait nuisible.

Visiter les glandées et plantations faites pendant l'hiver et l'automne précédent, leur donner tous les sarclages nécessaires pour extirper les mauvaises herbes et favoriser la reprise et la végétation des jeunes plants.

Donner les mêmes soins aux plantations d'un à cinq ans, en se gardant bien toutefois de travailler le sol autour des arbres qui commencent à brûler la terre. Ces arbres doivent être absolument abandonnés à l'action de la nature jusqu'au moment où la production de la truffe sera formée autour d'eux.

JUILLET

Le jour est de 16 heures 3 min. le 1ᵉʳ, et de 15 heures 6 min. le 31.
Il décroît pendant ce mois de 57 minutes.

| JOUR | | | FÊTES RELIGIEUSES — FÊTES MOBILES — NOMS DES SAINTS | SOLEIL | | LUNE | | | |
du mois	de la semaine	de l'année		Heures du lever	Heures du coucher	Heures du lever	Heures du coucher	Âge de la lune	Phases de la lune
				h. m.	h. m.	soir h. m.	soir h. m.	jours	
1	Sam	181	S. Amand.	4 2	8 5	11 59	2 2	23	
2	Dim	182	Visitat. de la Vierge.	4 3	8 4	matin	3 15	24	
3	Lun	183	S. Bertrand.	4 3	8 4	0 29	4 24	25	
4	Mar	184	Sᵗᵉ Berthe.	4 4	8 4	1 5	5 27	26	
5	Mer	185	Sᵗᵉ Zoé.	4 5	8 3	1 49	6 22	27	
6	Jeu	186	Sᵗᵉ Caroline.	4 6	8 3	2 41	7 8	28	● N. L. le 7 à 8ʰ 41ᵐ du soir
7	Ven	187	S. Octave.	4 6	8 2	3 39	7 45	29	
8	Sam	188	Sᵗᵉ Elisabeth.	4 7	8 2	4 42	8 15	0	
9	Dim	189	S. Zénon.	4 8	8 1	5 47	8 40	1	
10	Lun	190	Sᵗᵉ Félicité.	4 9	8 1	6 52	9 2	2	
11	Mar	191	S. Davin du Poitou.	4 10	8 0	7 56	9 21	3	
12	Mer	192	S. Jean Gualbert.	4 11	7 59	9 0	9 39	4	
13	Jeu	193	S. Eugène.	4 12	7 59	10 5	9 57	5	
14	Ven	194	S. Bonaventure.	4 13	7 58	11 10	10 15	6	☽ P. Q. le 15 à minuit 8 min.
15	Sam	195	S. Henri.	4 14	7 57	soir	10 37	7	
16	Dim	196	N.-D. du Mont-C.	4 15	7 56	1 27	11 2	8	
17	Lun	197	S. Alexis.	4 16	7 55	2 39	11 34	9	
18	Mar	198	S. Camille de Lellis.	4 17	7 54	3 51	matin	10	
19	Mer	199	S. Vincent de Paul.	4 18	7 53	4 59	0 15	11	
20	Jeu	200	Sᵗᵉ Marguerite.	4 19	7 52	5 59	1 9	12	
21	Ven	201	S. Victor.	4 20	7 51	6 49	2 17	13	○ P. L. le 22 à 9ʰ 31ᵐ du soir
22	Sam	202	Sᵗᵉ Madeleine.	4 21	7 50	7 29	3 35	14	
23	Dim	203	S. Apollinaire.	4 23	7 49	8 1	5 0	15	
24	Lun	204	Sᵗᵉ Christine.	4 24	7 48	8 27	6 26	16	
25	Mar	205	S. Jacques le Majeur.	4 25	7 47	8 51	7 50	17	
26	Mer	206	Sᵗᵉ Anne.	4 26	7 45	9 14	9 12	18	
27	Jeu	207	S. Pantaléon.	4 28	7 44	9 37	10 32	19	
28	Ven	208	S. Nazaire.	4 29	7 43	10 3	11 49	20	☾ D. Q. le 29 à 8ʰ 52ᵐ du soir
29	Sam	209	Sᵗᵉ Marthe.	4 30	7 41	10 32	soir	21	
30	Dim	210	S. Urbain.	4 31	7 40	11 7	2 15	22	
31	Lun	211	S. Ignace de Loyola.	4 33	7 39	11 48	3 20	23	

Périodes lunaires les plus favorables aux travaux et plantations pour trufficulture : aucune plantation et aucun travail à faire dans le sol des truffières au cours de ce mois.

MOIS DE JUILLET

Entretien et création des truffières.

Rien à faire au cours de ce mois dans le sol des truffières en production. C'est l'époque où, sous l'influence des pluies d'orages, les premières truffes se forment; le moindre travail, même superficiel, nuirait à leur production. En remuant la terre on briserait les filaments du mycélium, et on arrêterait ainsi sa végétation au moment où, abandonné à lui-même, il forme dans le sol les réceptacles charnus de ses spores, c'est-à-dire les truffes.

C'est donc le moment de laisser agir la nature, et il serait d'autant plus fâcheux de troubler alors son action, que les truffes nées en juillet deviennent généralement très grosses et mûrissent les premières. Ce sont celles que l'on récolte fin novembre et commencement de décembre, et qui, dès ce moment de l'année, sont bien marbrées de noir et très parfumées.

Quant aux jeunes semis et aux plantations qui n'ont pas encore été sarclés, il est très urgent de faire ce travail, qui est indispensable pour assurer la reprise et la bonne végétation de ces jeunes plants.

AOUT

Le jour est de 15 heures 3 min. le 1ᵉʳ, et de 13 heures 28 min. le 31.
Il décroît pendant ce mois de 1 heure 35 minutes.

| JOUR | | | FÊTES RELIGIEUSES | SOLEIL | | LUNE | | | |
du-mois	de la semaine	de l'année	FÊTES MOBILES — NOMS DES SAINTS	Heures du lever	Heures du coucher	Heures du lever	Heures du coucher	Âge de la lune	Phases de la lune
				h. m.	h. m.	matin h. m.	matin h. m.	jours	
1	Mar	212	S. Pierre ès liens.	4 34	7 37		4 18	24	
2	Mer	213	S. Etienne.	4 35	7 36	0 37	5 7	25	
3	Jeu	214	Stᵉ Lydie.	4 37	7 34	1 33	5 46	26	
4	Ven	215	S. Dominique.	4 38	7 33	2 34	6 19	27	
5	Sam	216	N.-D. des Neiges.	4 39	7 31	3 38	6 45	28	
6	Dɪᴍ	217	Transfigur. de N.-S.	4 41	7 30	4 43	7 8	0	● N. L.
7	Lun	218	S. Gaëtan.	4 42	7 28	5 47	7 28	1	le 6
8	Mar	219	S. Justin.	4 44	7 26	6 52	7 46	2	à 11ʰ 23ᵐ
9	Mer	220	S. Martin de Brive.	4 45	7 25	7 56	8 4	3	du matin
10	Jeu	221	S. Laurent.	4 46	7 23	9 1	8 22	4	
11	Ven	222	Stᵉ Suzanne.	4 48	7 22	10 7	8 43	5	
12	Sam	223	Stᵉ Claire.	4 49	7 20	11 14	9 6	6	
13	Dɪᴍ	224	S. Hippolyte.	4 50	7 18	soir	9 34	7	
14	Lun	225	S. Bonaventure.	4 52	7 16	1 33	10 10	8	☾ P. Q.
15	Mar	226	Assomption.	4 53	7 14	2 41	10 57	9	le 14
16	Mer	227	S. Roch.	4 55	7 13	3 43	11 56	10	à 0ʰ 3ᵐ
17	Jeu	228	S. Mammès.	4 56	7 11	4 36	soir	11	du soir
18	Ven	229	Stᵉ Hélène.	4 58	7 9	5 20	2 27	12	
19	Sam	230	S. Louis, évêque.	4 59	7 7	5 56	3 52	13	
20	Dɪᴍ	231	S. Bernard.	5 0	7 4	6 26	5 18	14	
21	Lun	232	Stᵉ Jeanne de Chantal.	5 2	7 3	6 52	6 43	15	☉ P. L.
22	Mar	233	S. Amadour.	5 3	7 2	7 16	8 6	16	le 21
23	Mer	234	S. Joachim.	5 5	7 0	7 40	9 27	17	à 4ʰ 54ᵐ
24	Jeu	235	S. Barthélemi.	5 6	6 58	8 5	10 46	18	du matin
25	Ven	236	S. Louis, roi.	5 7	6 56	8 34	matin	19	
26	Sam	237	S. Zéphirin.	5 9	6 54	9 7	0 0	20	
27	Dɪᴍ	238	Stᵉ Pélagie.	5 10	6 52	9 47	1 10	21	
28	Lun	239	S. Augustin.	5 12	6 50	10 34	2 11	22	☽ D. Q.
29	Mar	240	Décoll. de S. J.-Bᵗᵉ.	5 13	6 48	11 28	3 3	23	le 28
30	Mer	241	Stᵉ Rose.	5 14	6 46	matin	3 46	24	à 0ʰ 6ᵐ
31	Jeu	242	S. Raymond.	5 16	6 44	0 28	4 21	25	du matin

Périodes lunaires les plus favorables aux travaux et plantations pour
trufficulture : aucun travail à faire dans les truffières au cours de ce
mois.

MOIS D'AOUT

Création et entretien des truffières.

C'est pendant ce mois que se forment les truffes qui mûrissent dans la seconde quinzaine de décembre et la première de janvier, c'est-à-dire qui sont les plus recherchées pour la consommation directe et la fabrication des conserves.

De même qu'en juillet, il faut s'abstenir de tout travail dans le sol des truffières ; mais il est utile de les visiter parfois pour voir si les pierres plates que l'on a placées au printemps pour éviter une trop grande évaporation d'humidité sont bien restées dans la position nécessaire, c'est-à-dire un peu soulevées d'un côté au-dessus du sol par deux ou trois pierres mises en dessous. On pourra aussi à cette époque jeter sur les truffières, pendant les grandes sécheresses, quelques branches d'arbres bien pourvues de feuilles, afin d'éviter une trop prompte dessiccation du sol. Les arrosages copieux, à la condition d'être faits le soir, donnent lieu à une production abondante.

La quantité de truffes produites sera d'ailleurs en rapport direct avec la fréquence des pluies d'orage. Les proverbes patois qui suivent montrent combien les trufficulteurs attachent d'importance à ces pluies :

1. — Quand plèou lou djour de sàint Roch,
    Las truffos naïssent sur lou roc.

2. — Saint Laurent pétasso blad négre
    Et faï naïssé la truffo négro.

3. —   Quand saint Bertoumiu
    Boto l'aigue al riu
    Faï rabo, bouiriu,
    Truffos à ple niu.

TRADUCTION

1. — Quand il pleut le jour de saint Roch, les truffes naissent sur les rochers.

2. — Saint Laurent raccommode les pièces de blé noir et fait naître les truffes noires.

3. — Quand saint Barthélemy met l'eau au ruisseau, il fait des raves, du regain et des truffes à pleins nids.

SEPTEMBRE

Le jour est de 13 heures 25 min. le 1ᵉʳ, et de 11 heures 42 min. le 30.
Il décroît pendant ce mois de 1 heure 30 minutes.

JOUR			FÊTES RELIGIEUSES — FÊTES MOBILES — NOMS DES SAINTS	SOLEIL		LUNE			
du mois	de la semaine	de l'année		Heures du lever	Heures du coucher	Heures du lever	Heures du coucher	Âge de la lune	Phases de la lune
				h. m.	h. m.	matin h. m.	soir h. m.	jours	
1	Ven	243	S. Gilles.	5 17	6 42	1 30	4 49	26	
2	Sam	244	S. Just.	5 19	6 40	2 34	5 13	27	
3	Dim	245	S. Grégoire.	5 20	6 38	3 59	5 34	28	
4	Lun	246	Sᵗᵉ Rosalie.	5 22	6 36	4 43	5 53	29	
5	Mar	247	S. Justinien.	5 23	6 34	5 48	6 11	0	● N. L. le 5 à 3ʰ 42ᵐ du matin
6	Mer	248	Sᵗᵉ Dorothée.	5 24	6 31	7 58	6 30	1	
7	Jeu	249	S. Cloud.	5 26	6 29	9 5	6 50	2	
8	Ven	250	Nativité de la Vierge.	5 27	6 27	10 14	7 12	3	
9	Sam	251	Sᵗᵉ Véronique.	5 29	6 25	11 22	7 39	4	
10	Dim	252	Sᵗᵉ Pulchérie.	5 30	6 23	soir	8 12	5	
11	Lun	253	Sᵗᵉ Ezilda.	5 31	6 21	0 30	8 53	6	
12	Mar	254	Sᵗᵉ Rosalie.	5 33	6 19	1 32	9 46	7	☾ P. Q. le 12 à 9ʰ 58ᵐ du soir
13	Mer	255	S. Théobald.	5 34	6 17	2 27	10 50	8	
14	Jeu	256	Exalt. de la Sᵗᵉ Croix.	5 36	6 15	3 14	matin	9	
15	Ven	257	S. Emile.	5 37	6 12	3 51	0 4	10	
16	Sam	258	S. Cyprien, évêque.	5 39	6 10	4 23	1 24	11	
17	Dim	259	S. Lambert.	5 40	6 8	4 50	2 47	12	
18	Lun	260	S. Ferréol de Limog.	5 41	6 6	5 15	4 11	13	
19	Mar	261	S. Janvier.	5 43	6 4	5 39	5 34	14	☉ P. L. le 19 à 0ʰ 40ᵐ du soir
20	Mer	262	Quatre-temps.	5 44	6 2	6 5	6 57	15	
21	Jeu	263	S. Mathieu.	5 46	6 0	6 32	8 18	16	
22	Ven	264	S. Maurice. Q.-T.	5 47	5 58	7 5	9 37	17	
23	Sam	265	Sᵗᵉ Baume. Q.-T.	5 49	5 55	7 43	10 51	18	
24	Dim	266	N.-D. de la Merci.	5 50	5 53	8 29	11 58	19	
25	Lun	267	S. Firmin.	5 51	5 51	9 21	soir	20	
26	Mar	268	Sᵗᵉ Justine.	5 53	5 49	10 20	1 42	21	☽ D. Q. le 26 à 3ʰ 12ᵐ du soir
27	Mer	269	SS. Côme et Damien.	5 54	5 47	11 22	2 20	22	
28	Jeu	270	S. Venceslas.	5 56	5 45	matin	2 51	23	
29	Ven	271	S. Michel.	5 57	5 43	0 25	3 17	24	
30	Sam	272	S. Jérôme.	5 59	5 41	1 30	3 39	25	

Périodes lunaires les plus favorables aux travaux et plantations pour trufficulture : du mercredi 6 au dimanche 17, pour les plantations des chênes verts.

MOIS DE SEPTEMBRE

Production des truffes.

Septembre est l'époque de la naissance des truffes que l'on récolte en janvier et février. Rien à faire pour favoriser cette production, dont la plus ou moins grande quantité dépendra de la plus ou moins grande fréquence des pluies tombées au cours de ce mois.

Quant aux truffes nées fin juillet et commencement d'août, elles prennent parfois assez de développement en septembre pour faire boursoufler la terre au-dessus d'elles à la surface du sol. Rien à faire pour favoriser leur croissance; il faut même se garder de toucher à ces tubercules, car toute truffe déplacée du lieu où elle a pris naissance cesse de croître, s'atrophie et se décompose rapidement.

L'influence favorable des pluies de septembre, comme de celles d'août, sur la production trufflière, est exprimée dans le patois du Périgord par le proverbe suivant :

> Dé sainta Croux à saint Michial,
> La pleuzo démoro pas al Ciol;
> Fay naïssé la truffo en retard,
> Mas per la fa bello es trop tard.

TRADUCTION

De sainte Croix à saint Michel, la pluie ne reste pas au ciel; elle fait naître les truffes tardives; mais pour en faire venir de grosses, il est trop tard.

Création des truffières.

Le commencement de septembre, surtout lorsque les pluies sont fréquentes, est l'époque favorable pour la plantation des chênes verts. (Voir l'article spécial, page 45.)

Du commencement de septembre à fin novembre, deuxième époque indiquée par le duc de Lesparre comme très favorable pour l'ensemencement des spores de truffes.

OCTOBRE

Le jour est de 11 heures 38 min. le 1er, et de 9 heures 53 min. le 31.
Il décroît pendant ce mois de 1 heure 46 minutes.

JOUR			FÊTES RELIGIEUSES — FÊTES MOBILES — NOMS DES SAINTS	SOLEIL		LUNE			
du mois	de la semaine	de l'année		Heures du lever	Heures du coucher	Heures du lever	Heures du coucher	Âge de la lune	Phases de la lune
				h. m.	h. m.	matin h. m.	soir h. m.	jours	
1	Dim	273	S. Remy.	6 0	5 38	2 34	3 58	26	
2	Lun	274	SS. Anges.	6 2	5 36	3 38	4 17	27	
3	Mar	275	Sts Candide.	6 3	5 34	4 43	4 36	28	
4	Mer	276	S. François d'Assise.	6 5	5 32	5 48	4 56	29	● N. L.
5	Jeu	277	S. Pardoux de Guéret.	6 6	5 30	6 56	5 18	0	le 4
6	Ven	278	S. Bruno.	6 8	5 28	8 4	5 44	1	à 7h 23m
7	Sam	279	S. Lagier de Meymac.	6 9	5 26	9 13	6 15	2	du soir
8	Dim	280	Ste Brigitte.	6 11	5 24	10 21	6 54	3	
9	Lun	281	S. Denis.	6 12	5 22	11 25	7 43	4	
10	Mar	282	S. François de B.	6 14	5 20	soir	8 43	5	
11	Mer	283	S. Placide.	6 15	5 18	1 10	9 52	6	
12	Jeu	284	S. Wilfrid.	6 17	5 16	1 49	11 7	7	☾ P. Q.
13	Ven	285	S. Géraud d'Orliac.	6 18	5 14	2 22	matin	8	le 12
14	Sam	286	S. Calixte.	6 20	5 12	2 50	0 26	9	à 6h 19m
15	Dim	287	Ste Thérèse.	6 21	5 10	3 15	1 47	10	du matin
16	Lun	288	S. Ambroise.	6 23	5 8	3 38	3 7	11	
17	Mar	289	Ste Léonide.	6 24	5 6	4 3	4 28	12	
18	Mer	290	S. Luc, évangéliste.	6 26	5 4	4 30	5 49	13	☉ P. L.
19	Jeu	291	S. Ptolémée.	6 27	5 2	5	7 9	14	le 18
20	Ven	292	S. Caprais.	6 29	5 0	5 36	8 26	15	à 10h 14m
21	Sam	293	Ste Ursule.	6 31	4 58	6 20	9 38	16	du soir
22	Dim	294	S. Mellon.	6 32	4 56	7 10	10 41	17	
23	Lun	295	S. Hilarion.	6 34	4 55	8 8	11 33	18	
24	Mar	296	S. Magloire.	6 35	4 53	9 10	soir	19	
25	Mer	297	S. Front de Périgueux.	6 37	4 51	10 13	0 50	20	
26	Jeu	298	S. Crespin.	6 38	4 49	11 18	1 18	21	☽ D. Q.
27	Ven	299	S. Frumence.	6 40	4 47	matin	1 42	22	le 26
28	Sam	300	SS. Simon et Jude.	6 42	4 45	0 22	2 2	23	à 9h 49m
29	Dim	301	S. Narcisse.	6 43	4 44	1 26	2 21	24	du matin
30	Lun	302	S. Lucain.	6 45	4 42	2 30	2 40	25	
31	Mar	303	S. Quentin.　　v. j.	6 46	4 41	3 35	3	26	

Périodes lunaires les plus favorables aux travaux et plantations pour trufficulture : il est encore trop tôt pour planter ; et les travaux de labours préparatoires peuvent se faire en tous temps.

MOIS D'OCTOBRE

Création et entretien des truffières.

Aucun travail à faire au cours de ce mois dans les truffières en production ; mais on peut commencer les labours et travaux préparatoires pour semis et plantations d'automne. Vers la fin d'octobre on commence aussi la récolte des glands de chêne truffiers.

Les truffes nées au mois d'août se développent ; celles qui se trouvent à la surface du sol et qui sont généralement les plus grosses font boursoufler la terre, en y formant des crevasses entrecoupées, facilement reconnaissables, et qui indiquent la place exacte où se trouvent les tubercules. On peut marquer cette place afin d'extraire plus tard ces truffes sans le secours du porc et du chien ; et ce sont celles qui constituent sur nos marchés le choix que l'on appelle « truffes de marque ». Ces truffes sont belles, mais sans parfum, parce qu'elles sont généralement récoltées avant leur maturité.

A la fin d'octobre il n'y a pas, en effet, des truffes complètement mûres et bien marbrées en noir ; elles commencent seulement à prendre une couleur grise à l'intérieur, ainsi que le constate le proverbe suivant :

Per saint Crespi
La truffo blanco passo al gris.

TRADUCTION

A la Saint-Crespin (26 octobre), la truffe blanche devient grise.

Mais la crainte des maraudeurs fait bien souvent récolter ces belles truffes dès cette époque. Une bonne précaution à prendre pour déjouer leurs recherches est de visiter souvent les truffières vers la fin d'octobre et d'effacer avec un rateau ou une piochette les crevasses ou boursouflures qui indiquent leur place exacte ; mais ce travail doit être fait avec une grande prudence et en touchant seulement à la surface du sol.

NOVEMBRE

Le jour est de 9 heures 51 min. le 1ᵉʳ, et de 8 heures 33 min. le 30.
Il décroît pendant ce mois de 1 heure 19 minutes.

| JOUR | | | FÊTES RELIGIEUSES — FÊTES MOBILES — NOMS DES SAINTS | SOLEIL | | LUNE | | | |
du mois	de la semaine	de l'année		Heures du lever	Heures du coucher	Heures du lever	Heures du coucher	Âge de la lune	Phases de la lune
				h. m.	h. m.	matin h. m.	soir h. m.	jours	
1	Mer	304	Toussaint.	6 48	4 39	4 42	3 21	27	
2	Jeu	305	Trépassés.	6 50	4 37	5 30	3 46	28	
3	Ven	306	S. Hubert.	6 51	4 36	7 0	4 16	0	● N. L.
4	Sam	307	S. Charles.	6 53	4 34	8 10	4 53	1	le 3
5	Dim	308	Sᵗᵉ Bertille.	6 54	4 32	9 17	5 40	2	à 10ʰ 36ᵐ
6	Lun	309	S. Léonard.	6 56	4 31	10 17	6 37	3	du matin
7	Mar	310	S. Mathurin.	6 58	4 29	11 8	7 44	4	
8	Mer	311	Sᵗᵉˢ Reliques.	6 59	4 28	11 50	8 58	5	
9	Jeu	312	S. Théodore.	7 1	4 26	soir	10 15	6	
10	Ven	313	S. Just.	7 2	4 25	0 53	11 33	7	☾ P. Q.
11	Sam	314	S. Martin.	7 4	4 24	1 18	matin	8	le 10
12	Dim	315	S. Paterne.	7 6	4 22	1 41	0 51	9	à 1ʰ 44ᵐ
13	Lun	316	S. Stanislas Kostka.	7 7	4 21	2 5	2 9	10	du soir
14	Mar	317	S. Ouradour.	7 9	4 20	2 30	3 28	11	
15	Mer	318	S. Léopold.	7 10	4 19	2 58	4 46	12	
16	Jeu	319	S. Jucher.	7 12	4 17	3 31	6 3	13	
17	Ven	320	S. Agnan.	7 14	4 16	4 10	7 16	14	☉ P. L.
18	Sam	321	S. Odon.	7 15	4 15	4 58	8 23	15	le 17
19	Dim	322	S. Faust.	7 17	4 14	5 54	9 21	16	à 10ʰ 28ᵐ
20	Lun	323	S. Edouard.	7 18	4 13	6 54	10 9	17	du matin
21	Mar	324	Prés. de la Vierge.	7 20	4 12	7 58	10 47	18	
22	Mer	325	Sᵗᵉ Cécile.	7 21	4 11	9 3	11 18	19	
23	Jeu	326	S. Clément.	7 23	4 10	10 8	11 43	20	
24	Ven	327	S. Jean de la Croix.	7 24	4 9	11 12	soir	21	
25	Sam	328	Sᵗᵉ Catherine.	7 26	4 8	matin	0 25	22	☽ D. Q.
26	Dim	329	S. Justin.	7 27	4 8	0 16	0 44	23	le 25
27	Lun	330	S. Maxime.	7 28	4 7	1 20	1 3	24	à 6ʰ 44ᵐ
28	Mar	331	S. Sosthène.	7 30	4 6	2 25	1 23	25	du matin
29	Mer	332	S. Saturnin.	7 31	4 5	3 32	1 46	26	
30	Jeu	333	S. André.	7 32	4 5	4 42	2 14	27	

Périodes lunaires les plus favorables aux travaux et plantations pour trufficulture : du samedi 4 au lundi 13, c'est-à-dire du 1ᵉʳ au 10ᵉ jour de la lune.

MOIS DE NOVEMBRE

Création et entretien des truffières.

Récolter dès le commencement de ce mois les glands de chênes destinés à la trufficulture; les mettre stratifier, ou bien procéder au semis au fur et à mesure de la récolte. (Voir, page 47, les conseils relatifs à la stratification des glands, et page 48 ceux relatifs aux semis.)

Commencer les plantations d'automne à partir du samedi 4. (Voir page 44 les conseils relatifs à ces plantations.)

Récolte des truffes.

Vers le 20 novembre, commencer les recherches dans les truffières avec un porc, ou un chien bien dressé, pour récolter les truffes parvenues à maturité; mais ne pas laisser fouiller profondément le sol, dans la crainte de faire extraire des truffes encore grises. (Voir, pages 73 à 76, les conseils à suivre pour ces premières récoltes.)

Au cours de ce mois, ouverture des grands marchés de truffes dans la Dordogne, le Lot et la Corrèze. (Voir, aux pages 98 à 105, les dates de ces marchés.)

Dans les achats faits en novembre, se méfier des truffes de marque récoltées avant leur maturité : elles sont très belles, mais elles manquent de parfum.

DECEMBRE

Le jour est de 8 heures 30 min. le 1ᵉʳ, de 8 heures 11 min. le 21,
de 8 heures 15 min. le 31.
Il décroît de 18 minutes du 1ᵉʳ au 21, il croît de 4 minutes du 21 au 31.

du mois	de la semaine	de l'année	FÊTES RELIGIEUSES — FÊTES MOBILES — NOMS DES SAINTS	SOLEIL Heures du lever	SOLEIL Heures du coucher	LUNE Heures du lever	LUNE Heures du coucher	Âge de la lune	Phases de la lune
				h. m.	h. m.	matin h. m.	soir h. m.	jours	
1	Ven	334	S. Eloi.	7 34	4 4	5 52	2 48	28	
2	Sam	335	S. François Xavier.	7 35	4 4	7 1	3 31	29	
3	Dim	336	1ᵉʳ Dim. de l'avent.	7 36	4 3	8 6	4 26	0	● N. L.
4	Lun	337	Stᵉ Barbe.	7 38	4 3	9 2	5 31	1	le 3
5	Mar	338	S. Sabbas.	7 39	4 2	9 48	6 45	2	à minuit
6	Mer	339	S. Nicolas.	7 40	4 2	10 26	8 3	3	57 min.
7	Jeu	340	Stᵉ Valérie.	7 41	4 2	10 57	9 22	4	
8	Ven	341	Immaculée Concept.	7 42	4 2	11 23	10 41	5	
9	Sam	342	Stᵉ Léocadie.	7 43	4 2	11 47	11 59	6	☾ P. Q.
10	Dim	343	S. Probus.	7 44	4 1	soir	matin	7	le 9
11	Lun	344	S. Damase.	7 45	4 1	0 33	1 15	8	à 9ʰ 12ᵐ
12	Mar	345	S. Maxime.	7 46	4 1	0 59	2 32	9	du soir
13	Mer	346	Stᵉ Luce.	7 47	4 1	1 29	3 47	10	
14	Jeu	347	S. Nicaise.	7 48	4 1	2 5	5 0	11	
15	Ven	348	S. Mesmin.	7 49	4 2	2 49	6 9	12	
16	Sam	349	Stᵉ Adélaïde.	7 50	4 2	3 40	7 10	13	
17	Dim	350	S. Timoléon.	7 50	4 2	4 39	8 1	14	☉ P. L.
18	Lun	351	S. Gatien.	7 51	4 2	5 42	8 44	15	le 17
19	Mar	352	S. Meuriec.	7 52	4 3	6 48	9 17	16	à 1ʰ 40ᵐ
20	Mer	353	Quatre-temps.	7 52	4 3	7 53	9 46	17	du matin
21	Jeu	354	S. Thomas.	7 53	4 4	8 58	10 9	18	
22	Ven	355	S. Zénon. Q.-T.	7 53	4 4	10 2	10 29	19	
23	Sam	356	Stᵉ Victoire. Q.-T.	7 54	4 5	11 5	10 48	20	
24	Dim	357	S. Delphin.	7 54	4 5	matin	11 7	21	
25	Lun	358	Noel.	7 55	4 6	0 9	11 26	22	☽ D. Q.
26	Mar	359	S. Etienne.	7 55	4 6	1 14	11 47	23	le 25
27	Mer	360	S. Jean, apôtre.	7 55	4 7	2 22	soir.	24	à 4ʰ 7ᵐ
28	Jeu	361	SS. Innocents.	7 56	4 8	3 30	0 42	25	du matin
29	Ven	362	Stᵉ Eléonore.	7 56	4 9	4 40	1 20	26	
30	Sam	363	Stᵉ Colombe.	7 56	4 10	5 47	2 9	27	
31	Dim	364	S. Sylvestre.	7 56	4 11	6 41	3 10	28	

Périodes lunaires les plus favorables aux travaux et plantations pour
trufficulture : du lundi 4 au mercredi 13, c'est-à-dire du 1ᵉʳ au 10ᵉ jour
de la lune.

MOIS DE DÉCEMBRE

Création et entretien des truffières.

Continuer pour la création des nouvelles truffières tous les travaux commencés en novembre, tels que labours, ouvertures de trous. — Le commencement de décembre est en général très favorable pour les plantations ; la période lunaire du 4 au 13 sera le moment préféré par les trufficulteurs pour leurs plantations et leurs semis. (Voir, aux pages 44 à 51, les conseils pour tous ces travaux.)

Récolte et emploi des truffes.

Passer tous les huit jours sur les truffières avec les porcs et les chiens pour récolter les truffes bien mûres, mais empêcher les porcs de trop fouiller la terre, afin d'éviter qu'ils mettent à découvert des truffes non encore parvenues à maturité, et qu'ils ne peuvent découvrir à l'odorat sans enfoncer leur groin dans le sol. (Voir, page 76, les conseils à ce sujet.)

Commencer la fabrication des conserves après le 15 décembre, en employant des truffes très saines et bien mûres. (Voir, pour la fabrication des conserves, pages 78 à 81.)

Du 20 décembre au 1er janvier, grandes expéditions de truffes : se mettre en mesure d'y satisfaire ; c'est d'ailleurs l'époque où l'on récolte les meilleures truffes, et où l'on peut faire les envois les meilleurs comme *grosseur* des tubercules et *qualité*.

LA CULTURE DE LA TRUFFE

Formation de la truffe. — Exposé de son mode de croissance et de développement.

La truffe est un végétal ayant sa vie propre, et non une galle ou un simple amas de matières inertes. L'existence de spores ou germes dans sa pulpe est démontrée depuis longtemps par le microscope; et les découvertes récentes de M. de Gramont de Lesparre prouvent que ces spores, sous l'influence d'agents convenables, se développent et produisent, comme cela arrive pour les champignons ordinaires, un mycélium composé de filaments nombreux, qui, parvenus à un certain degré de croissance, forment sous terre, pour recevoir leurs germes, ces réceptacles charnus que nous appelons truffes.

La truffe est donc un champignon qui se forme à l'intérieur du sol, tandis que les champignons ordinaires se forment hors terre.

C'est à cause de cela que les botanistes appellent les champignons ordinaires des champignons aériens, et les truffes des champignons hypogés.

De même que dans les champignons aériens on trouve un grand nombre de variétés comestibles, telles que les cèpes, les oronges, les mousserons, les palomées, les morilles, il existe un grand nombre de variétés dans les champignons hypogés, c'est-à-dire un grand nombre de variétés de truffes.

Parmi ces variétés, la truffe noire d'hiver, connue dans le commerce sous le nom de *Tuber Melanosporum,* occupe le premier rang par ses hautes qualités culinaires; elle surpasse en effet toutes les autres par la finesse de sa chair et la suavité de son parfum, et c'est la seule qui possède une réelle valeur commerciale.

C'est donc de cette production, et par conséquent des moyens de créer des truffières nouvelles produisant uniquement cette excellente truffe, que nous allons nous occuper.

Conditions générales et fondamentales de la création des truffières.

Pour créer des truffières, il faut trois choses, savoir : 1° un terrain convenable; 2° un arbre truffigène; 3° un germe de truffes du Périgord.

Le tubercule obtenu, son plus ou moins de qualité dépendra du milieu et des influences atmosphériques dans lesquelles il se trouvera pendant sa croissance et du degré de maturité auquel il pourra parvenir.

Le degré de qualité de la truffe est donc l'œuvre du climat ; quant à la production elle-même, ses agents connus sont le terrain, l'arbre et le mycélium truffier provenant de la spore.

Le terrain, quelle que soit sa nature, s'il est dépourvu d'un arbre truffigène, de mycélium ou de spores, sera toujours stérile.

L'arbre, quelles que soient ses qualités truffigènes, s'il n'est pas dans un terrain propice, ne donnera jamais lieu à la naissance du tubercule.

Le bon choix du terrain, le bon choix de l'arbre et la présence du mycélium de la truffe sur l'arbre ou dans le sol, sont donc les conditions indispensables de la création des truffières.

Mais les produits obtenus, alors même qu'ils appartiennent à la variété la meilleure, n'ayant de valeur réelle que s'ils acquièrent leurs qualités distinctives de couleur et de parfum, il me paraît utile de s'occuper d'abord du climat, c'est-à-dire du choix de la contrée, de l'altitude et de l'exposition préférable pour les truffières. Je passerai ensuite à l'étude du sol, au choix de l'arbre et au moyen d'importer les germes reproducteurs de la vraie truffe dans les terrains qui en sont dépourvus.

Du climat.

On croit généralement que le Périgord, le Quercy et le Dauphiné sont les seuls pays qui produisent des truffes; c'est là une profonde erreur. La vérité est que les pays producteurs de truffes sont extrêmement nombreux.

M. Chatin cite cinquante-tro is départements français dans lesquels on récolte des truffes. Cette production n'est même pas spéciale à la France : on en trouve en Italie, en Espagne, en Angleterre, en Grèce et jusque dans les États-Unis.

Mais si les pays producteurs de ce tubercule sont nombreux et étendus, ceux dans lesquels il acquiert les qualités culinaires qui le font rechercher des gastronomes sont, même en France, limités et fort restreints.

Dans le commerce, c'est la truffe du Sarladais qui a justement acquis la plus haute renommée et qui est regardée comme type de la belle et bonne truffe.

Après le Sarladais, on peut citer comme pays où la truffe obtient généralement ses plus hautes qualités les environs de Thiviers et de Sorges, en Périgord; Cressensac et Martel, dans le Lot; enfin, pour ce qui concerne les régions du Centre et de l'Ouest, tous les plateaux calcaires qui se trouvent dans la Dordogne, les Charentes, en Lot-et-Garonne, dans le Lot et les confins de la Corrèze; et pour la région du Midi, la Vaucluse et ses alentours.

Les truffes que l'on récolte dans ces contrées varient sans doute de qualité, suivant les localités elles-mêmes; mais, en général, elles sont savoureuses et parfumées; tandis que, plus au nord, les tubercules, ne pouvant parvenir à maturité, restent blancs et sans saveur; et, plus au midi, sous l'action d'un soleil brûlant, la truffe ne se développe pas, ou bien sa chair devient dure et coriace, et elle prend en mûrissant une odeur forte et désagréable.

L'exposition et l'altitude des truffières exercent aussi une influence certaine sur la formation du tubercule et sur ses qualités.

Ainsi, on a remarqué que les truffières placées sur les versants méridionaux des montagnes sont généralement, et surtout dans les années pluvieuses, plus productives que celles exposées aux vents du nord et du nord-ouest.

Quant à l'altitude, on a remarqué qu'en allant de la base au sommet d'une montagne, le nombre des places truffières diminue à mesure que l'on s'élève, devient très restreint et rare au-dessus de 700 mètres, et disparaît à une hauteur de 900 à 1,000 mètres.

Dans la Dordogne et les contrées voisines, les montagnes calcaires n'atteignant pas l'altitude à laquelle cesse la production de la truffière, on peut créer des truffières sur les plateaux les plus élevés; mais c'est surtout dans les versants des montagnes et dans ces petites vallées appelées combes, lorsque leur assiette est assez large pour que le soleil puisse y faire parvenir ses rayons une grande partie du jour, que l'on trouve les truffières les meilleures et donnant les plus riches produits.

L'excès d'ombrage est d'ailleurs très nuisible à la production de la truffe, et l'on n'en trouve jamais dans les taillis épais et dans les parties des vallées où le soleil ne pénètre pas.

Il ne faut donc chercher à établir des truffières nouvelles que dans les contrées où celles déjà existantes donnent des produits de bonne qualité; partout ailleurs, ne faites l'expérience que sur une étendue fort restreinte, et à titre d'essai.

Du choix du sol.

Lorsqu'on cherche à créer des truffières, la première condition de succès est d'opérer sur un terrain calcaire reposant sur un sous-sol très perméable ou sur une roche assez inclinée pour assurer le rapide écoulement des eaux pluviales.

Pas de calcaire, pas de truffes; calcaire humide, truffes musquées : telle est la loi de la nature.

Toutefois, la richesse de la production n'est nullement en rapport avec la quantité de calcaire contenue dans le sol. Du moment que le calcaire existe, quelle que soit sa proportion, la production truffière peut devenir très abondante. Ceci résulte de toutes les observations faites dans les contrées truffigènes, de même que des nombreuses analyses de terrains truffiers faites par M. Chatin.

Aussi, les surfaces propres à la culture de la truffe sont extrêmement nombreuses et très étendues; elles comprennent la plus grande partie de nos montagnes jurassiques et de nos terrains crétacés.

C'est surtout dans les terrains oolithiques que l'on trouve les plus belles truffières ; c'est également dans ces terrains-là qu'elles se forment le plus rapidement. Ce fait s'explique facilement par la structure de ces sols, qui est généralement uniforme, et par la disposition de leurs roches en assises horizontales, sur lesquelles les arbres ne peuvent développer de pivot. Par suite, les racines, au lieu de s'enfoncer perpendiculairement dans le sol, s'écartent horizontalement et forment leurs radicelles à une faible profondeur, ce qui est extrêmement favorable à la production de la truffe.

Dans ces terrains-là, bien souvent on voit des truffières formées et productives dès la cinquième année de la plantation, tandis qu'ailleurs il faut parfois attendre quinze ans et plus.

Pour créer des truffières, il faut donc choisir des terrains calcaires à sous-sols perméables, et ne faire aucune tentative dans les terrains d'une autre nature.

Du choix des arbres.

Les espèces d'arbres dans le voisinage desquelles se forment les truffières, et qui peuvent être regardées comme favorisant leur développement, sont très nombreuses. M. Chantin en indique près de quarante, et je ne crois pas qu'il exagère.

Mais ces diverses essences d'arbres ou arbustes, bien que produisant parfois des truffes, ne sont pas également bonnes et sûres pour la trufficulture.

Il est des arbres dans le voisinage desquels les truffières ne se forment que comme un fait accidentel; d'autres qui communiquent aux tubercules une saveur particulière, tels que l'épicéa, le pin du Nord, le pin d'Alep, qui leur donnent un goût résineux; d'autres, enfin, tels que l'orme et le tilleul, qui les rendent nauséabonds et souvent immangeables.

Le bon choix de l'arbre est donc une opération des plus importantes pour le trufficulteur. Heureusement ce choix est des plus faciles; car la supériorité du chêne est si généralement reconnue dans tous les pays où l'on récolte de bonnes truffes, qu'évidemment cet arbre doit constituer la base de toutes les plantations faites en vue de la trufficulture.

Le noisetier produit également parfois d'excellentes truffières; mais dans les terrains oolithiques il convient peu; c'est surtout dans les terrains crétacés et les calcaires formés par des couches de castine blanchâtre ou grisâtre qu'il doit être placé.

Mais existe-t-il une ou plusieurs variétés de chênes et de noisetiers ayant spécialement la propriété de favoriser dans leur voisinage la création des truffières? Existe-t-il au contraire des variétés de ces mêmes arbres privées de cette faculté, et peut-on reconnaître les unes et les autres à quelques signes extérieurs?

La croyance populaire est que cette propriété qu'ont certains arbres de favoriser la production de la truffe appartient à des sujets spéciaux pris isolément dans chaque variété et qui, possédant la propriété dont il s'agit, peuvent la transmettre aux arbres ou arbustes issus directement d'eux par voie de semis. On arriverait même par ce système à créer par la sélection des sujets de plus en plus aptes à la production truffière en faisant des semis successifs, avec les glands des arbres truffigènes bien choisis et des plus productifs.

Contrairement à cette opinion, d'autres soutiennent que tous les chênes sont truffigènes, et que si un sujet de cette espèce vient à rester stérile, tandis que son voisin est productif, cela tient simplement à ce que le premier ne se trouve pas dans un milieu propice, tandis que le second est dans un sol favorable par sa composition et par sa structure.

Chacun de ces systèmes a ses partisans convaincus.

Toutefois, l'opinion populaire est en faveur des plantations faites avec les plants truffiers, c'est-à-dire avec des sujets provenant des glands récoltés sur les truffières, et nos trufficulteurs périgourdins n'en admettent pas d'autres.

En ce qui concerne les variétés de chênes, toutes peuvent produire d'excellentes truffières, et le chêne blanc pédonculé lui-même, que pendant longtemps on a regardé comme impropre à la culture de la truffe, forme des truffières superbes lorsqu'il se trouve dans un sol propice. Mais les véritables espèces à propager sont les chênes noirs sessiles pubescents de nos montagnes calcaires pour les sols jurassiques, et les chênes verts ou yeuses pour les terrains crétacés. Ces derniers sont ceux au pied desquels on trouve les truffes les plus fines et les plus estimées du Périgord.

En résumé, dans des plantations pour truffières faites dans des terrains crayeux, crétacés, sablonneux-calcaires, c'est aux chênes verts (yeuses) que l'on doit donner la préférence ; tandis que dans les calcaires jurassiques c'est le chêne noir sessile pubescent de nos montagnes, mélangé de quelques chênes blancs pédonculés, que l'on doit choisir.

Des germes du champignon et de la truffe.

Prenez un champignon bien mûr et commençant à se dessécher; secouez-le en tenant son chapeau en l'air et au-dessus d'une feuille de papier blanc. Bientôt vous verrez une légère poussière sur ce papier; et si vous examinez une parcelle de cette poussière au microscope, il vous sera facile de reconnaître qu'elle est constituée par une infinité de petits grains noirs libres et portés sur des petits filaments grisâtres comme une fleur sur sa tige. Ce sont les germes reproducteurs des agarics, dont voici l'image à un grossissement de 475 fois environ leur grandeur naturelle (fig. 1).

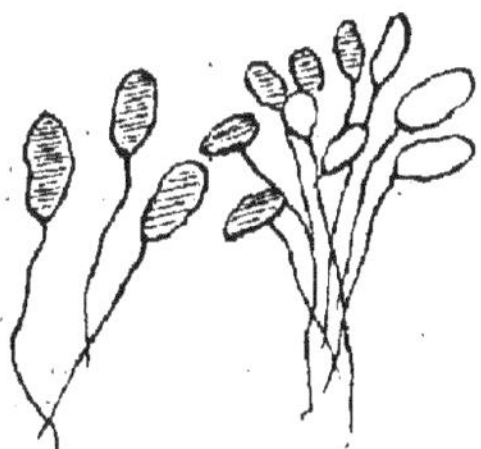

Fig. 1. — Basides.

Ces germes, ainsi que MM. Constantin et Matruchot l'ont démontré en 1893 dans un rapport à l'Académie des sciences, étant soumis à l'action d'un liquide spécial, composé par eux, se transforment en un mycélium s'agrégeant en cordons et formé de filaments blancs, qui, introduits dans une couche de fumier convenablement montée (ainsi que cela se pratique à Paris dans les catacombes, et près Périgueux dans les carrières de Chancelade), produisent une quantité considérable de champignons.

De même, si vous prenez une fine lamelle de la chair d'une truffe noire parvenue à maturité, et si vous soumettez cette fine lamelle à la lentille du microscope, vous la verrez parsemée de points noirs, ovales, séparés les uns des autres, ou groupés au nombre de trois, quatre, cinq et quelquefois plus dans des petites pochettes remplies d'un liquide visqueux, qu'on appelle thèques, asques ou sporanges. (Voir fig. 2 et 3.)

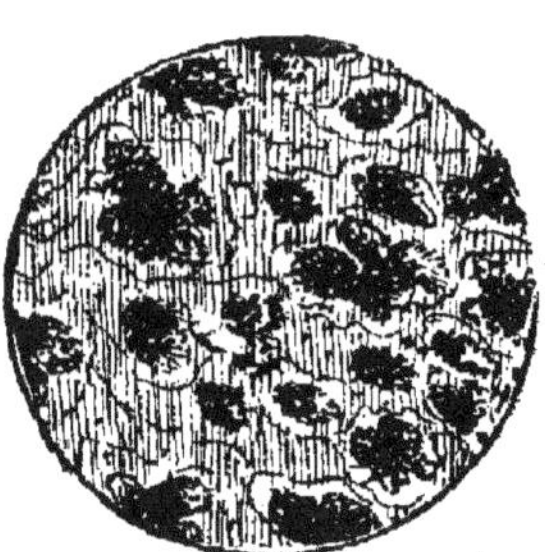

Fig. 2. — Lamelle de truffe
vue au microscope.

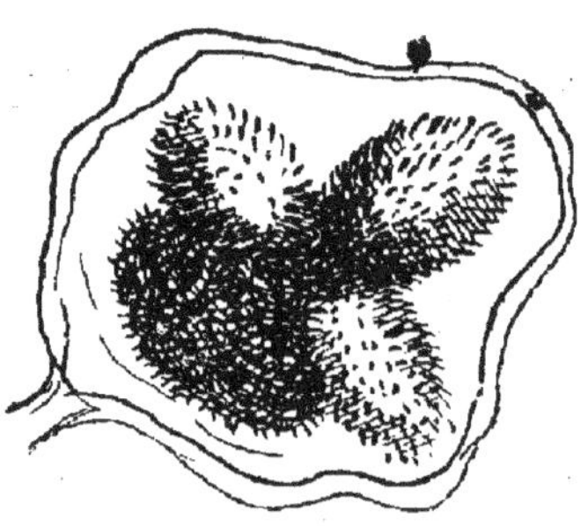

Fig. 3. — Spores et thèques
grossies environ 475 fois.

Ces petits corps noirs ne sont autre chose que les germes reproducteurs de la truffe; ils remplissent pour les tubéracées le même rôle que les basides pour les champignons, c'est-à-dire que ces spores placées dans un milieu et dans des conditions convenables se transforment en un mycélium qui forme sous terre le réceptacle de ses germes reproducteurs, autrement dit ce tubercule qu'on appelle la truffe.

Les basides ne varient guère d'aspect; ils diffèrent seulement de grandeur et de couleur, suivant les variétés de champignons auxquels ils appartiennent.

Quant aux spores, elles diffèrent, suivant les espèces des tubercules dans lesquels elles se trouvent, non seulement par leur grandeur et leur couleur, mais encore par la forme et l'aspect de la membrane rugueuse qui les recouvre.

Par suite, on les a divisées en trois catégories, savoir :

1° Spores échinulées, ou armées de pointes;

2° Spores alvéolées ou réticulées ;

3° Spores verruqueuses.

Cette différence dans l'aspect des spores servant en grande partie à la classification des tubéracées, je crois devoir en donner le dessin exact, afin qu'il soit facile d'en reconnaître les **caractères distinctifs**.

Ainsi qu'on le voit par la figure ci-dessous (fig. 4), représentant une spore échinulée du *Tuber melanosporum* grossie environ 475 fois, ces spores sont armées de pointes nombreuses, qui les font ressembler à des oursins.

Fig. 4. — Spore échinulée.

Les spores alvéolées ou réticulées sont au contraire sillonnées par des lignes formant par leur croisement d'élégants réseaux. (Voir fig. 5.)

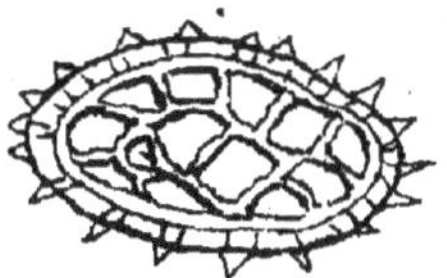

Fig. 5. — Spore alvéolée.

Enfin les spores verruqueuses sont simplement recouvertes d'une membrane rugueuse et irrégulièrement tuméfiée sur quelques points. (Voir fig. 6.)

Fig. 6. — Spore verruqueuse.

La distinction entre ces diverses spores est des plus caractéristiques, et les truffes dans lesquelles on trouve les spores échinulées sont absolument différentes de celles dans lesquelles on trouve les autres genres de spores.

Toutefois, pour la classification des truffes il faut étudier encore la forme et la couleur des spores, le plus ou moins de rudesse de leur écorce, l'époque de la maturité, la nature de leur parfum, etc.

C'est en se basant sur l'étude et les comparaisons de ces divers éléments que M. le docteur de Ferry, M. Chatin et d'autres botanistes ont divisé les tubéracées en trois grands groupes, savoir :

1° Les truffes à spores échinulées, qui sont caractérisées par le *Tuber melanosporum,* ou truffe noire du Périgord ;

2° Les truffes à spores alvéolées, caractérisées par le *Tuber æstivum,* ou truffe blanche d'été, et le *Tuber magnatum* du Piémont ;

3° Enfin les Terfez, ou truffes de l'Afrique du Nord ou de l'Asie occidentale, dont les spores sont alvéolées, la peau lisse, et qui ont à leur base une touffe de racines et de mycélium les attachant au sol.

Quelle que soit la variété des truffes que l'on étudie, le microscope montre facilement que le nombre des spores contenues dans un tubercule est vraiment infini, et que la décomposition d'une truffe en répand non pas seulement des milliers, mais plutôt même des millions dans le sol.

D'autre part, l'étude de ces germes truffiers a montré qu'ils ne sont pas d'une germination facile ; car ils ont résisté aux réactifs les plus puissants auxquels nos savants chimistes les ont soumis pour les faire artificiellement germer.

Jusqu'au commencement de cette année on ignorait même complètement le moyen de déterminer cette germination, lorsque, dans la séance du 17 janvier dernier, M. Chatin a communiqué à l'Académie des sciences une note de M. le duc de Lesparre faisant connaître son intéressante découverte du germe qui produit le mycélium truffier et du moyen de provoquer sa fécondation et sa germination.

D'après M. le duc de Lesparre, la spore de la truffe ne peut germer ni dans sa pulpe ni dans la terre; un milieu nouveau lui est indispensable : il faut qu'elle soit transportée par le vent ou par une autre cause sur la feuille d'un arbre truffigène, tel que le chêne, le noisetier, le hêtre, l'épicéa, etc. Retenue par ses piquants, elle s'attache au limbe de la feuille, et, lorsqu'elle se trouve dans le voisinage de la nervure centrale, elle ne tarde pas à germer. La spore mâle produit alors un filament cheminant sous l'épiderme et féconde la spore femelle.

Celle-ci, une fois fécondée, émet des sporules qui germent à leur tour et, tombant en terre, produisent le mycélium truffier et par suite la truffière, si le sol est convenable.

Cette découverte montre bien pourquoi les semis de truffes ou d'épluchures de truffes n'ont jamais produit des résultats appréciables.

Ce n'est pas en enfouissant leurs spores au pied des arbres que l'on aurait pu réussir, mais en les répandant sur leurs feuilles.

Ce procédé, s'il est réellement efficace, comme je n'en doute pas après les expériences concluantes faites par M. le duc de Lesparre, aidera beaucoup à la création des truffières nouvelles dans les contrées déjà truffigènes, et facilitera singulièrement l'importance du germe de la truffe du Périgord dans les contrées qui en sont dépourvues; aussi nous croyons être utile à un grand nombre de nos lecteurs en usant de l'autorisation que M. le duc de Lesparre a bien voulu nous donner d'exposer ici comment il conseille lui-même d'opérer pour arriver à un résultat certain.

Application de la découverte faite par M. A. de Gramont de Lesparre à la création des truffières.

La première chose à faire pour appliquer la méthode de M. le duc de Lesparre est de se procurer en temps utile des spores de *Tuber melanosporum* en parfait état et possédant toutes leurs qualités germinatives.

Pour cela, il faut choisir pendant l'hiver des truffes noires du Périgord, bien saines et bien parfumées, par conséquent bien mûres et n'ayant aucune atteinte de gelée ou de pourriture; on expose ces truffes au grand air, de façon à les faire sécher le plus rapidement possible; et lorsqu'elles ont atteint une dessiccation complète, on les conserve dans cet état en les plaçant à l'abri de l'humidité de façon à éviter leur ramollissement, et par suite la fermentation de la pulpe.

Les truffes qui avant leur dessiccation se sont pourries, ou ont un peu fermenté, doivent être rigoureusement rejetées; car leur décomposition est produite par un ferment spécial et accompagnée d'un dégagement d'ammoniaque qui détériore les asques, isole les spores et les expose à un desséchement qui les rendrait stériles.

« Ce sont les truffes fraîches ou vieilles d'un an, mais desséchées avant toute fermentation, qui donnent les meilleurs résultats.

« La truffe simplement desséchée devient aussi dure que du bois; mais cet état de dessiccation, complet en apparence, n'est qu'un trompe-l'œil; en réalité les asques et les spores sont en grande partie intacts; mis en eau, ils reprennent vite leur forme et leur bonne mine. » (*Étude sur l'aptitude à germer des spores de la truffe*, par M. A. de Gramont de Lesparre, page 1.)

Ainsi, en plongeant dans l'eau pendant un temps suffisant des truffes préalablement desséchées, on a des tubercules qui contiennent des spores dans un état semblable à celles que l'on trouve dans les truffes fraîches, et qui sont encore enfermées dans ces petits sacs, représentés à la figure 3 et que l'on appelle thèques, asques ou sporanges, et qui sont eux--mêmes restés intacts.

Les spores ne germent pas tant qu'elles sont contenues dans ces asques; pour que la germination ait lieu, il faut que ces petites pochettes soient rompues et que les spores en soient extraites. Dans ce but, on prend des fragments de pulpe de truffes bien ramollis par leur séjour dans l'eau, on les place entre deux verres dépolis, que l'on fait glisser l'un sur l'autre de façon à écraser doucement la pulpe jusqu'à ce qu'elle se soit transformée en une pâte visqueuse, à laquelle on ajoute un peu d'eau, de façon à lui donner la fluidité d'une solution très déliée de gomme arabique. On trempe un petit pinceau dans ce liquide et on le passe ensuite une seule fois, rapidement, sur la nervure centrale de la feuille, ou même on touche simplement cette nervure; cela suffit.

Ce liquide, soumis à l'inspection du microscope, montre des spores parfaitement intactes, libres et dépouillées de leurs asques et nageant en très grand nombre et sans aucune symétrie dans toute son étendue. (Voir fig. 7.)

Fig. 7.

C'est de ce liquide ainsi préparé que l'on devra se servir pour ensemencer les spores sur les feuilles; il est bien préférable aux épluchures de truffes, brisées et mélangées de terre fine; car dans la première phase de son développement la truffe est parasite de la feuille, vit à ses dépens, et la terre est inutile.

Le meilleur moment pour ensemencer les spores sur les feuilles est la première quinzaine de mai ; ensuite une période de trois mois environ, commençant au 1er septembre et se terminant fin novembre. Les ensemencements de mai donnent dès la fin de juin des germes de mycélium bien formés, bien mûrs et en état convenable pour être mis en terre à cette dernière époque ; les feuilles ensemencées de septembre à fin novembre demandent un délai plus long (10 à 12 semaines environ et quelquefois plus) pour la maturation des germes finals ou téleutospores.

Pour opérer sur les feuilles l'ensemencement des spores, le procédé indiqué par M. le duc de Lesparre est des plus simples : il suffit de prendre au bout d'un pinceau une légère quantité de la pulpe de truffes ramollie et transformée en liquide comme nous l'avons dit plus haut, et de l'étendre sur la nervure centrale de la feuille, en choisissant de préférence des feuilles vertes, saines, abritées du soleil, et sans les détacher du rameau qui les porte. La germination de la spore aura lieu sûrement ainsi. Mais les feuilles ne devront pas être détachées de l'arbre avant 6 à 7 semaines pour les ensemencements de mai, et avant 10 à 12 semaines au moins pour les ensemencements d'automne.

D'autre part, est-il préférable d'ensemencer sur l'arbre même que l'on veut rendre truffier? Est-il mieux de placer au pied de cet arbre des feuilles préalablement ensemencées sur un arbre voisin et cueillies après les délais que nous venons d'indiquer? A quelle profondeur doivent être enfouies ces feuilles, et quel temps faudra-t-il pour que le mycélium ainsi créé devienne producteur? Ce sont là des questions très importantes, mais auxquelles on ne peut répondre encore d'une façon certaine, M. le duc de Lesparre n'ayant pas pu faire des expériences concluantes avant l'époque où il a communiqué ses premières découvertes à l'Académie des sciences; mais nous espérons qu'il pourra les élucider avant peu, et nous édifier à cet égard dans une brochure nouvelle qu'il compte prochainement publier.

Quoi qu'il en soit, et que l'on opère directement sur les feuilles de l'arbre que l'on veut rendre truffier, ou qu'on place dans son voisinage des feuilles ensemencées provenant d'un autre arbre, il ne suffit pas, pour créer une truffière, d'obtenir la germination des spores et des sporules du mycélium truffier; il faut encore que ce mycélium se trouve dans des conditions de sol et d'aération qui lui permettent de vivre et de se développer.

Le mieux sera donc d'opérer sur un chêne noir pubescent, ou sur un chêne yeuse planté dans un sol calcaire se rapprochant par sa composition chimique et sa structure de ceux décrits aux pages 53 et 54 de cet ouvrage, et séparé des arbres voisins par une distance de 5 à 6 mètres en tous sens.

Le terrain devra aussi être légèrement travaillé à l'avance, débarrassé des plantes parasites nuisibles aux truffières, et l'on devra donner aux surfaces ainsi ensemencées de mycélium les soins indiqués pour toute truffière en voie de formation.

Quel que soit d'ailleurs le procédé qui aura déterminé la production du mycélium, l'action importante de l'arbre étant reconnue de tous, et sa présence étant indispensable, sa plantation reste toujours le point de départ de la création des truffières; si bien qu'après l'importante découverte faite par M. le duc de Lesparre on peut dire, comme auparavant : « Si vous voulez créer des truffières nouvelles, plantez des chênes, ou semez des glands. »

Occupons-nous donc maintenant des soins qu'exigent ces sortes de plantations.

Préparation du sol.

Avant de faire la plantation des arbres, il faut convenablement préparer le sol; or ce travail est des plus faciles, car il faut simplement donner un labour léger et uniforme à la surface de la terre et y pratiquer ensuite des trous assez larges pour bien étaler les racines des jeunes plants, mais très peu profonds. Les bonnes truffes se formant, en effet, autour des radicelles qui n'ont pas plus de 15 à 20 centimètres de profondeur, il ne faut nullement favoriser la formation des racines pivotantes; il faut même contrarier leur développement. Par conséquent, on ne devra travailler que la terre végétale se trouvant à la surface du sol; et les trous devront avoir assez de largeur pour faire prendre aux racines la position horizontale, mais pas assez de profondeur pour que le pivot conserve sa position verticale; il devra être replié sur lui-même et transformé ainsi en racine traçante au moment de la plantation.

Époques préférables pour la plantation.

La plantation des chênes blancs pédonculés et noirs sessiles truffiers peut se faire depuis le commencement de novembre jusqu'à la fin d'avril. Pour ces arbres, comme pour tous ceux à feuilles caduques, les plantations faites en automne donnent en général les meilleurs résultats, et leur végétation pendant les premières années est plus active que celle des arbres plantés au printemps.

Mais les plants d'arbres destinés à la trufficulture, ne devant pas être enfouis profondément, redoutent les hivers rigoureux; par suite il faut les butter fortement, en se réservant de niveler le terrain au moment des sarclages du printemps.

Malgré cette précaution, si des gelées intenses surviennent, un certain nombre de jeunes plants seront probablement détruits.

Les plantations du printemps, n'ayant pas à redouter ce danger, sont de plus sûre reprise; mais, nous l'avons déjà dit, elles sont généralement moins vigoureuses.

Quant aux chênes verts (yeuses), pour obtenir leur reprise il faut absolument faire leur transplantation en septembre, ou en mai, alors qu'ils sont en sève.

Les plantations de ces arbres, comme de tous ceux à feuilles persistantes, faites pendant l'hiver, ne réussissent pas. Il est cependant un moyen d'obtenir un certain nombre de reprises dans cette saison : c'est de les recéper de 10 à 20 centimètres de longueur hors terre, et d'enlever toutes les feuilles sur les tronçons conservés. Dans les plantations de septembre et de mai, un recépage modéré est également utile. Quelles que soient les précautions prises, la réussite d es plantations d'yeuses sera toujours incertaine, à moins qu'elle ne se trouve favorisée par des ondées fréquentes ; aussi pour cette essence c'est surtout par voie de semis qu'il faut opérer.

Généralement les gens du peuple attribuent aux phases lunaires une grande influence sur les plantations de tous les arbres. La croyance générale est que les jeunes sujets mis en terre pendant la lune nouvelle ont une végétation bien plus vigoureuse que ceux plantés en lune vieille.

Dans beaucoup de contrées on regarde aussi la lune née en février comme néfaste : les viticulteurs, pendant toute sa durée, suspendent leurs plantations, assurant que cette lune maudite empêche les sarments mis en terre d'émettre des racines, et que les barbats eux-mêmes ne prennent jamais de vigueur. Les cultivateurs qui ont cette croyance (et leur nombre est grand) font leurs plantations en janvier, ou au cours de la lune nouvelle de mars, jamais en février.

Les trufficulteurs vont plus loin encore : ils croient que les arbres mis en terre en nouvelle lune forment leurs truffières plus rapidement que ceux plantés pendant que cet astre est à son déclin ; en conséquence ils font leurs plantations, d'octobre en avril, entre le 1er et le 10e jour de chaque lune nouvelle, et ils s'abstiennent de toutes plantations pendant la lune de février.

Cette croyance est-elle fondée sur des observations précises et bien constatées? Je ne le pense pas; mais elle est si généralement admise que je n'ai pas cru devoir la passer sous silence.

Je suis même de ceux qui cèdent souvent à ces préjugés populaires (si préjugé il y a); je fais en conséquence mes plantations autant que possible en lune nouvelle, et je m'en trouve bien.

C'est par ce motif que, dans les premières pages de cet almanach, j'ai indiqué les époques lunaires préconisées pour les plantations.

Des semis de chênes.

Les semis de glands de chênes peuvent se faire aux mêmes époques que les plantations, c'est-à-dire du commencement de novembre à la fin d'avril, et il est incontestable que les semis d'automne donneront des sujets plus vigoureux que les semis de printemps. Aussi pour les boisements ordinaires les semis d'automne sont incontestablement préférables.

Mais lorsqu'il s'agit de trufficulture, soit que l'on crée une pépinière, soit que l'on sème les glands sur place à demeure, ce ne sont pas des plants remarquables par leur vigueur que l'on cherche à obtenir; on désire surtout créer des sujets constitués de façon à être parfaitement aptes à la formation des truffières; or les arbres truffigènes sont surtout caractérisés par l'absence du pivot et par la présence de nombreuses racines latérales. Quant à la tige, au lieu d'être droite, mince et effilée, il faut qu'elle soit courte comparativement à sa grosseur, pourvue d'une jolie touffe de jeunes branches correspondant en quelque sorte à la touffe de ses radicelles, et les torsions de cette tige, loin d'être un défaut, sont plutôt une qualité.

Or il est possible de forcer, pour ainsi dire, les jeunes plants à se constituer de cette sorte, et voici ce qu'il y a à faire pour cela.

Les glands de chênes doivent être récoltés à la fin d'octobre ou au commencement de novembre, lorsqu'ils sont bien mûrs et tombés d'eux-mêmes sur le sol de la truffière.

Aussitôt la récolte faite, il faut mettre stratifier les glands dans du sable frais, où ils resteront jusqu'au jour de la plantation.

La stratification consiste dans l'opération suivante : au fur et à mesure que les glands sont récoltés, au lieu de les laisser à l'air libre, soit au dehors, soit dans des caves ou hangars, on les place dans des vases par lits de 2 à 3 centimètres d'épaisseur, séparés les uns des autres par des couches de sable d'une épaisseur semblable.

Lorsque les couches de glands et de sable arrivent près du sommet du vase, on termine l'opération en mettant une couche de sable un peu plus épaisse que les autres, et que l'on tasse bien avec la main pour empêcher l'air de la pénétrer. Les vases étant ainsi garnis, on les place dans une cave, le plus possible à l'abri de la gelée et de la chaleur, et on n'y touche plus jusqu'à l'époque où l'on veut faire le semis.

Le sable dont on se sert doit être du sable frais, plutôt sec qu'humide. Le sable mouillé active trop la végétation des glands, et d'autre part le sable entièrement sec les dessèche; il y a donc une moyenne à prendre, que l'expérience montre bientôt.

Lorsque la stratification est bien faite, les glands peuvent conserver leurs facultés germinatives pendant une durée de 6 mois et plus. J'en ai semé en juin qui ont parfaitement levé et formé des plants irréprochables.

Lorsque le terrain est préparé, c'est-à-dire lorsqu'il a reçu un labour superficiel, mais uniforme sur toute sa surface, et que l'on veut procéder aux semis, on arrose quelques jours à l'avance le sommet des vases contenant les glands dont on veut se servir.

Sous l'action de l'humidité, les glands se gonflent, leur germination commence, et la radicule, qui doit former le pivot de l'arbre, se développe, rompt la tunique du gland et acquiert bientôt une longueur de 1 à 2 centimètres.

On retire alors les glands du vase où on les a mis stratifier, on les passe au crible pour les débarrasser du sable auquel ils sont mêlés, et on les froisse à la main les uns contre les autres afin de briser toute la partie des radicules qui se montre à l'extérieur. Cette rupture n'arrête nullement la végétation de la radicule lorsque le gland est mis en terre; mais, au lieu de former un pivot unique, nuisible à la formation des truffières, elle se ramifie en un grand nombre de radicelles, qui rendent le succès de la transplantation bien plus assuré, et qui forment des sujets constitués comme il le faut pour la trufficulture, c'est-à-dire ayant un grand nombre de racines horizontales, et pas de pivot s'enfonçant profondément dans le sol.

Cette rupture de la radicule du gland au moment du semis doit être pratiquée, soit que l'on forme une pépinière, soit que l'on sème sur place, et quelle que soit la saison, automne ou printemps, pendant laquelle le semis est fait.

C'est à ce procédé si simple que je dois le bel enracinement des plants de mes pépinières, dont les produits ont été primés dans tous les concours où je les ai présentés.

Les glands ainsi préparés sont d'une réussite certaine, pourvu que les mulots, qui en sont très friands, ne viennent pas les dévorer. Cela arrive souvent, et des semis considérables sont parfois détruits en entier, surtout lorsqu'ils sont faits à sillons droits, et que le terrain n'est pas travaillé entre les lignes. Les mulots suivent ces sillons dans toute leur longueur et ils ne laissent pas un gland intact. Mais, heureusement, il est un moyen de les écarter; le voici :

Lorsque les glands ont été passés au crible et débarrassés de leurs radicules extérieures, on les saupoudre avec du minium jusqu'à ce que leur écorce devienne bien rouge. Au besoin on humecte un peu les glands avec de l'eau pour faciliter l'adhérence du minium. Cela suffit pour écarter pendant tout l'hiver les mulots et tous les rongeurs. Les glands sont ainsi à l'abri de leurs attaques.

Ce procédé est appliqué avec le même succès à toutes les semences employées dans les jardins, fèves, petits pois, etc.; dès que ces grains sont saupoudrés de minium, les mulots et les rats n'y touchent plus.

Les glands étant préparés ainsi que nous venons de le dire, il faut procéder au semis.

S'il s'agit de l'établissement d'une pépinière, on doit faire les rangs à environ 30 centimètres les uns des autres, semer serré à une profondeur de 4 à 5 centimètres et donner ensuite les soins ordinaires pour toute pépinière d'arbres.

S'il s'agit d'un semis à demeure, voici comment on doit procéder.

Sur le terrain uniformément travaillé, on trace au cordeau des lignes espacées de 6 mètres les unes des autres. Dans chaque ligne on fait à la pioche, tous les 3 mètres, des petits godets de 4 à 5 centimètres de profondeur, au fond desquels on place deux à trois glands; on recouvre et on met un petit piquet pour marquer la place exacte des glands.

Ce procédé est bien préférable à l'ensemencement dans des sillons ouverts à l'araire, et il n'est guère plus coûteux. Il est bien entendu d'ailleurs que le labour uniforme qui doit être fait sur la surface entière du sol peut être exécuté à l'araire si la nature du terrain le permet. C'est le travail spécial qui seul doit être fait au cordeau et à la pioche.

Disons pour terminer que sur les plateaux les lignes de semis doivent toujours aller du nord au midi; mais sur le flanc des collines à pentes rapides, les lignes doivent être tracées horizontalement, et jamais dans le sens de la pente du terrain.

Avantage des plantations sur les semis.

Lorsque les semis sont faits avec toutes les précautions que nous venons de décrire, la réussite peut être regardée comme certaine ; le plus grand nombre des glands germera et produira son petit chêne ; mais, quels que soient les soins donnés ensuite, la végétation de ces jeunes plants ne sera pas vigoureuse, parce que les terrains pour truffières sont des terres sèches, pierreuses, dénuées d'humus, et favorisant peu la croissance des arbres ; par suite, ce ne sera guère que vers la dixième année que les boisements faits par voie de semis auront acquis un développement suffisant pour donner des produits sérieux.

Il est facile au contraire d'obtenir dans une pépinière convenablement conduite, bien qu'elle doive être établie en terrain calcaire, des plants qui à la troisième année ont un développement supérieur à ceux des sujets de 5 à 6 ans, venus sur le sol même des truffières. — Ces plants, n'ayant encore que trois ans d'âge, sont de parfaite reprise, et, mis en place avec des soins convenables, ils forment rapidement des sujets producteurs. En outre, au moment de la transplantation il est facile de supprimer le pivot s'il existe, ou de le transformer en racine traçante au moyen d'une simple torsion. On a ainsi des arbres mieux constitués pour la trufficulture, et souvent, à la cinquième année après leur plantation, ils ont un développement égal à ceux qui comptent dix années depuis qu'ils ont été semés sur place ; et dès cette cinquième année ils donnent des produits.

Les boisements faits avec des jeunes plants bien choisis sont donc préférables, comme conformation d'arbres truffigènes, à ceux provenant de semis sur place, et ils ont le grand avantage de hâter beaucoup l'époque de la formation des truffières ; tels sont les motifs qui doivent faire préférer les plantations aux semis toutes les fois que l'on a une bonne pépinière à sa disposition.

Distance entre les plants.

La plantation par lignes espacées de 6 mètres environ les unes des autres, et dans lesquelles on place les jeunes plants à 2 ou 3 mètres de distance dans le rang, est la méthode préférable. On peut aussi parfaitement réussir avec des sujets plantés en quinconce, à une distance de 5 à 6 mètres les uns des autres.

Il faut environ 850 plants pour un hectare avec la plantation par lignes; 400 plants seulement pour la même étendue avec la plantation en quinconce.

En mettant les sujets en place, on peut favoriser leur reprise au moyen d'un léger apport de terreau.

Soins à donner après la plantation.

La plantation étant ainsi faite, on peut utilement donner un léger labour auprès des arbres, pendant 2 ou 3 ans, pour activer leur végétation; mais ensuite il faut cesser tout travail et abandonner l'arbre à lui-même.

Il est même important de ne point recéper les arbres pour truffières à leur base, afin d'obtenir une tige vigoureuse et droite; on retarderait ainsi, on compromettrait même peut-être la formation de la truffière. Il faut être très sobre d'émondages pour les jeunes arbres, n'y pas toucher, laisser la nature agir seule pendant plusieurs années, et si l'on constate un jour que les plantes avoisinant un de ces arbres se dessèchent et meurent, il faut s'abstenir de toucher à l'arbre, de toucher au terrain : la truffière est en formation : une fausse manœuvre pourrait la détruire.

Enfin, il ne faut perdre jamais de vue que rien n'est plus nuisible aux truffières et à la production de la truffe que l'ombre des arbres. Jamais on ne trouve de truffes dans un taillis épais ou dans une combe où le soleil ne pénètre pas.

Par suite, si les arbres truffigènes viennent à avoir un faîtage touffu, éclaircissez-les un peu pour que la lumière soit, pour ainsi dire, tamisée en arrivant à terre ; mais ne les émondez pas entièrement, car la truffière serait détruite immédiatement par un élagage énergique.

En ce qui concerne les cultures intercalaires, rien ne s'oppose à ce que l'on cultive des céréales pendant deux ou trois ans dans les plates-bandes qui se trouvent entre les rangées de chênes ; on peut même ensuite y mettre des sainfoins ; mais, à partir de la cinquième année, il faut cesser toutes ces cultures. Quant à la plantation de la vigne américaine entre les lignes de chênes truffiers, n'y songez pas ; au bout de quelques années il faudrait choisir, parce que la vigne américaine n'aime pas le voisinage des arbres : il faudrait donc ou arracher vos arbres truffigènes, ou laisser dépérir vos vignes.

D'ailleurs, partout où le terrain est propice à la culture d e la vigne américaine, il est impropre à la culture de la truffe. — La vigne américaine exige une terre riche et profonde ; la truffe une terre légère et une couche arable superficielle. Placez la vigne américaine dans la partie où la terre végétale s'est agglomérée, elle vous donnera de superbes produits. Mais partout où vous avez une couche arable superficielle, c'est à la trufficulture qu'elle doit être aujourd'hui destinée.

Taille et conduite des chênes truffiers.

On a cru pendant longtemps qu'il ne fallait jamais toucher aux branches des arbres truffiers, et qu'il n'y avait rien à tenter comme émondages pour rendre producteurs ceux qui, livrés à eux-mêmes, ne le devenaient pas.

Toute taille était même regardée comme nuisible et, par suite, proscrite sévèrement.

Ce sont là des erreurs dont de récentes observations ont fait justice.

Nous convenons toutefois qu'une taille exagérée et intempestive entraînant presque toujours, au moins pour un certain temps, la stérilité des truffières, la taille des arbres truffigènes est une opération des plus délicates et qui exige la plus grande prudence; il serait même préférable d'émonder trop peu que d'émonder trop.

Les arbres truffiers, étant cultivés non à cause de leurs produits directs, mais pour favoriser la production de la truffe, devront être dirigés de façon à faire développer en eux les parties utiles à cette production et à empêcher la croissance de celles qui pourraient lui être nuisibles.

Or, il est bien certain qu'on trouve des truffes au pied d'arbres peu élevés au-dessus du sol, que les truffières les plus riches sont dans le voisinage des chênes de moyenne taille (4 à 6 mètres), qu'enfin il en existe fort peu auprès des arbres d'une grande élévation. Personne n'ignore d'ailleurs que les truffes se forment à peu de profondeur dans le sol, et le plus souvent auprès des radicelles des racines traçantes.

Il suit de tout ce qui précède : 1° qu'il sera inutile, nuisible même, de chercher à donner aux arbres truffigènes une grande hauteur, et que, par suite, il faudra les écimer lorsque leur tête sera arrivée à la hauteur voulue; 2° qu'on ne devra pas laisser à ces arbres des rameaux trop touffus et formant des masses de feuillage impénétrables aux rayons du soleil; 3° qu'on devra faciliter le développement des branches horizontales afin de favoriser le développement correspondant des racines traçantes, et supprimer les branches s'élevant verticalement, afin d'affaiblir les racines pivotantes.

La conduite des chênes truffiers repose sur ces trois principes, et si nous en venons à leur application, nous reconnaîtrons que la forme la meilleure à donner aux arbres dont il s'agit est celle représentée par un cône, à base un peu convexe, dont la pointe serait tournée vers le sol et arriverait presque à le toucher. (Voir figure 7.)

Pour présenter cet aspect, les arbres doivent avoir leurs branches les plus rapprochées de terre très courtes, ce qui

permet au soleil de venir réchauffer la terre jusqu'au pied
du tronc. Leurs branches, au lieu de s'élever perpendiculairement, se rapprochent de l'horizontale et vont en s'allongeant
à mesure qu'elles s'éloignent du sol, ce qui favorise le développement des racines traçantes; tandis que la cime de l'arbre est peu élevée, relativement à la longueur des branches
latérales, ce qui nuit au développement des racines pivotantes. Enfin il est facile de donner aux branches un écartement
suffisant pour permettre à l'air et à la lumière de circuler
entre leur feuillage; dès lors ils ne projettent qu'une ombre
légère, n'interceptant pas complètement les rayons solaires,
qui arrivent à terre en quelque sorte tamisés par les rameaux.

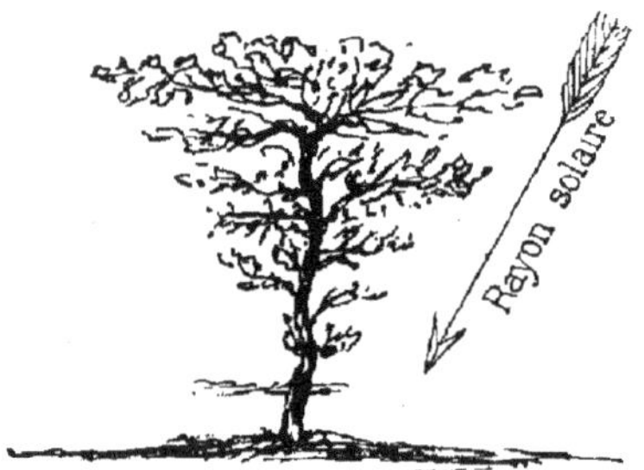

Fig. 7.

Nous n'allons pas cependant jusqu'à dire que cette forme
d'arbre et ces dispositions sont indispensables pour obtenir
d'excellentes truffes. On trouve souvent ces tubercules sous
de simples broussailles, au pied d'arbres chétifs, rabougris
et dirigeant leurs rameaux dans tous les sens. Mais généralement ces truffières n'acquièrent qu'une étendue bien restreinte et périssent promptement; or, nous nous occupons ici
des moyens d'obtenir des truffières grandes, très productives,
et établies de façon à avoir une longue durée.

La forme que nous venons de décrire est donnée aux arbres peu à peu et par des émondages successifs; on ne peut
l'obtenir qu'au bout d'une dizaine d'années : ce serait une

faute que de chercher à l'obtenir en une seule taille; cela exigerait une suppression souvent trop grande de rameaux pour un seul élagage.

Il ne faut pas oublier, d'ailleurs, que lorsque des arbres commencent à brûler le sol à leur pied, ou dans leur voisinage, il faut suspendre toute taille et ne plus toucher à leur tige et à leurs rameaux jusqu'à ce que la truffière soit complètement formée et en plein rapport. Alors seulement on pourra leur appliquer des émondages les amenant peu à peu à la forme indiquée.

Quant aux arbres qui, malgré les soins indiqués plus haut, et malgré les essais de germination des spores sur leurs feuilles conseillés par M. le duc de Lesparre, ne donneraient aucun signe de formation truffière à l'âge de dix ans, il faudra leur appliquer une taille calculée de façon à changer la nature de leur végétation : c'est-à-dire que si ces arbres sont chétifs, il faudra raccourcir leurs rameaux et en diminuer le nombre. Si, au contraire, ces arbres stériles ont une végétation puissante, il faudra diminuer cette vigueur en coupant le sommet de la tige mère, en rompant une partie des rameaux et tordant plusieurs branches sur elles-mêmes sans les détacher entièrement de l'arbre. Ces mutilations amènent souvent d'excellents résultats.

Ajoutons, pour terminer, qu'il faut très peu toucher aux arbres tant que les truffières situées à leur pied sont en bonne production.

Si cette production vient à diminuer, et si cette diminution a pour cause l'augmentation de l'ombre, il faut pratiquer des éclaircies.

Mais l'extinction des truffières coïncide souvent avec des signes extérieurs parfaitement visibles d'arrêt dans la végétation ou de dépérissement des cépées. Dans ce cas il n'y a pas à hésiter : il faut émonder l'arbre, lui faire pousser des jeunes rameaux, et lui rendre ainsi, au moins en partie, sa vigueur primitive.

Des travaux et labours qu'il convient de donner aux truffières en production.

Ainsi que nous l'avons déjà dit dans un précédent chapitre, pendant les quatre ou cinq années qui suivent la plantation des arbres destinés à former des truffières, il convient de leur donner un labour annuel d'hiver et un sarclage d'été, afin d'augmenter leur force végétative. Mais ensuite, de même qu'il faut arrêter l'élagage, il convient de suspendre aussi tout labour et de laisser agir la nature, surtout lorsqu'un commencement de brûlure du sol indique le commencement de la formation de la truffière.

Le moindre travail intempestif peut alors la détruire, tandis que, laissée à elle-même, sa production prochaine est assurée.

Mais lorsque la truffière sera complètement formée, son sol devra être le plus possible léger et bien ameubli, pour que les pluies du mois d'août puissent facilement le pénétrer et que les tubercules qui viendront à y naître puissent s'y développer librement et ne pas se déformer.

Le labour du terrain est donc utile, indispensable même dans les truffières formées pour y récolter de beaux produits; mais ce travail est des plus délicats et ne peut être confié qu'à un ouvrier intelligent et expérimenté, car une fausse manœuvre peut détruire pour toujours la truffière.

C'est à la fin d'avril et pendant le mois de mai qu'il faut donner le labour dont il s'agit; on peut même travailler les truffières jusqu'à la Saint-Jean; mais, passé cette date, il faut s'arrêter.

Ceux qui croient à l'influence lunaire conseillent de choisir de préférence la lune nouvelle, ou bien le moment où elle est dans son plein.

Quel que soit le moment adopté, il ne faut donner qu'un labour superficiel, soit à l'araire, soit à la houe, ne jamais toucher au sous-sol, et s'arranger de manière à ce que la partie travaillée ne soit dessinée par aucune dépression du sol. Dans ce but, le trufficulteur expérimenté commence toujours par suivre les contours de la truffière, en effleurant à peine le sol avec sa houe; il ramène sur le gazon brûlé une partie de la légère couche de terre qu'il soulève, et ne travaille jamais la partie qui brûle; il continue ensuite son travail en l'approfondissant un peu à mesure qu'il approche du centre de la truffière, mais sans jamais toucher au sous-sol.

Si en donnant ce travail on reconnaît que la couche végétale est trop faible, il faudra la renforcer chaque année au moyen d'un léger transport de terre prise dans le voisinage et d'une nature identique.

A ce moment il sera utile aussi de placer sur la truffière quelques larges plaques de pelouse arrachée près de là, et quelques pierres plates et larges que l'on place aux endroits que l'on croit devoir être des plus productifs.

Après les pluies de juillet et d'août, ces pierres et ces mottes de gazon conserveront au-dessous d'elles l'humidité dans le sol, et par suite leur action sera si efficace, que parfois l'hiver suivant on trouvera au-dessous d'elles les précieux tubercules réunis par groupes de deux ou trois.

Les conseils qui précèdent ne s'appliquent évidemment qu'aux truffières isolées, occupant chacune quelques mètres carrés de superficie.

S'il s'agissait de vastes truffières s'étendant sans discontinuité sur plusieurs ares de terrain, il faudrait simplement labourer la surface entière avec une charrue légère. Donner une façon très superficielle et très uniforme est, dans ce cas, la seule règle à suivre.

Le labour du printemps est le seul qu'il convient de donner aux truffières; ceci fait, laissez-les en repos pendant tout l'été et jusqu'à la récolte.

Engrais.

Faut-il fumer les truffières?

La plupart des trufficulteurs répondront sans hésiter par la négative; beaucoup pensent qu'une fumure abondante répandue sur le sol de la truffière la stérilise pour toujours. Je ne sais si cela est exact; je regarde le fait comme très contestable. La seule chose certaine et que l'expérience m'a appris, c'est que les mottes de gazon renversées et jetées de distance en distance sur le sol de la truffière produisent parfois de merveilleux effets. Je me souviens d'avoir, il y a quelques années, trouvé cinq et six gros tubercules sous chacune de ces mottes qu'au printemps précédent j'avais fait placer çà et là sur le sol de quelques truffières. D'autres conseillent le marc de raisin et les épluchures de châtaignes comme engrais ou amendements.

M. Kieffer, inspecteur des forêts à Uzès, indique, dans un article fort curieux, publié par la *Revue des Deux Mondes* (15 juin 1887), le chlorhydrate d'ammoniaque pulvérisé comme un excellent engrais pour les truffières. J'engage, d'après lui, à en faire l'expérience, mais avec beaucoup de prudence et sur une surface restreinte, car on risque fort, avec cette substance, de brûler les truffières dont on veut augmenter la fécondité.

J'ai moi-même essayé le nitrate de soude répandu en assez forte proportion sur quelques parties des truffières très fécondes d'elles-mêmes; je n'ai pas brûlé mes truffières, mais je n'ai remarqué aucune différence de volume dans les truffes provenant des parties qui avaient reçu le nitrate de soude, comparativement à celles provenant des parties non fumées.

Cependant, la truffe se composant principalement de six corps : l'azote, le phosphore, la potasse, la chaux, le fer et le soufre, qui se trouvent dans sa pulpe en proportions notables (surtout l'azote), il **doit** y avoir un engrais chimique qui, appliqué dans le voisinage de la truffe au moment où elle se développe, favorisera sa croissance ; mais cet engrais n'est pas encore connu.

La théorie est donc pour les engrais. Cependant, M. Chatin constate dans ses analyses un fait qui paraît contraire à tous les principes de la chimie agricole. Ce fait, c'est que la richesse des truffes en azote est constamment la même, que les truffes se soient développées dans une bonne terre chargée d'humus ou dans les maigres garigues et galluches de Provence et du Poitou. Dans la truffe, la proportion de l'azote est toujours considérable, alors même que le tubercule a végété dans le sol le plus maigre. D'où vient donc cet azote ? M. Chatin se demande si la truffe ne serait pas, comme les légumineuses, une plante sidérale s'emparant de l'azote de l'air confiné dans le sol. Je serais personnellement très porté à admettre cette hypothèse, qui seule explique pourquoi les plus grosses truffes se trouvent toujours à la surface du sol.

Néanmoins, je persiste à penser qu'il doit y avoir une composition d'engrais chimiques qui, répandus à propos sur le sol des truffières, en augmenteront sensiblement les produits.

Essais de cultures directes.

De tout ce qui précède il résulte que la trufficulture en est encore réduite à la culture indirecte, présentant dans un terrain convenable les plus grandes chances de succès, mais dont la réussite n'est jamais certaine.

Arrivera-t-on, un jour, à la culture directe ? C'est probable, et la découverte faite par M. de Gramont relativement à la germination des spores est un pas immense fait dans cette voie.

Il est aussi un autre mode de culture directe, consistant

dans la transplantation du mycélium, que M. Kieffer a essayé récemment, et dont il affirme la réussite.

Ce procédé consiste à choisir dans une éclaircie une surface présentant le plus d'analogie possible avec celle du sol où se trouve une truffière voisine. On travaille cette surface sur une profondeur de 30 centimètres environ; on y répand du chlorhydrate d'ammoniaque à la volée, puis on ouvre au centre une croix de 30 centimètres de profondeur, que l'on remplit au moyen d'un transport de terre pris dans une truffière voisine. On sarcle ensuite ce terrain et l'on y répand chaque année du chlorhydrate d'ammoniaque.

Ce procédé, d'après les affirmations de M. Kieffer, lui aurait parfaitement réussi, et il aurait ainsi, en 1882, préparé vingt places, présentant ensemble une surface de 10 ares, qui, deux ans après, auraient produit quatre cent vingt-cinq truffes, pesant ensemble près de 6 kilos.

Prix de revient à l'hectare des plantations pour truffières.

Le prix de revient à l'hectare des plantations pour truffières varie sensiblement suivant le mode de défoncement et de labour du terrain que l'on peut employer.

Si le terrain permet, par sa structure et sa faible inclinaison, un labour à l'araire, on ne peut guère évaluer au delà de 60 francs à l'hectare ce premier travail, qui devra être porté à 150 francs, au contraire, s'il s'agit d'un défoncement de 10 à 15 centimètres de profondeur fait à la main.

C'est en nous plaçant dans les conditions les moins favorables, c'est-à-dire en présence d'un défoncement possible seulement à la pioche ou à la houe, que nous donnons les évaluations qui vont suivre.

Frais d'établissement d'une truffière d'un hectare d'étendue à lignes de chênes espacées de 6 mètres les unes des autres et formées par des plants placés à 3 mètres de distance dans le rang.

1° Impôt d'un hectare de friche.................... 3 fr.
2° Labour uniforme de toute la surface du terrain
    exécuté à la main.......................... 150
3° Façon de 600 trous à 2 cent. et demi l'un........ 30
4° Achat de 600 plants de chênes (3 ans) à raison de
    50 francs le mille........................... 30
5° Mise en place des plants..................... 15
6° Sarclage des plants en été.................... 10
7° Travaux imprévus........................... 12
                                   TOTAL.......... 250 fr.

Si l'on fait une culture de plantes intercalaires entre les rangées de chênes, telle que céréales au début et sainfoin ensuite, son produit devra au moins défrayer du coût des labours et sarclages annuels conseillés jusqu'à la cinquième année. Après cette époque on devra suspendre toute culture et tous binages; on n'aura donc, pour évaluer la dépense à faire pendant les dix années nécessaires pour obtenir les truffières en pleine production, qu'à ajouter aux frais de plantation de la première année l'impôt à payer et les revenus des sommes avancées :

Le coût de la dépense de 1re année ayant été évalué à   250 fr.
Il faudra ajouter à ce chiffre l'impôt de 9 ans soit :   27
Et les revenus composés des avances faites, qui au
    bout des 10 années s'élèveront à.............. 142
                       Soit en tout.......... 419 fr.

chiffre représentant l'avance à faire pour la création complète d'un hectare de truffière amenée à pleine production.

Remarquons même que ce chiffre devra être diminué des récoltes partielles de truffes que l'on aura pu faire dans cette période de dix ans.

Quel est maintenant le produit que l'on peut espérer par hectare de terrains boisés pour truffières après cette même période d'années?

A cette question, la réponse est fort difficile à faire. Je ne connais pas de produits plus variables, comme quantité, que ceux des truffières comparées les unes aux autres, et donnant des différences si sensibles suivant les années.

Le produit peut arriver à un chiffre très élevé, comme aussi il peut rester faible. Mais lorsqu'on crée un hectare de truffière dans un sol convenable et dans de bonnes conditions, je ne crois pas exagérer en disant que le produit doit être évalué de cinq cents à mille francs.

Ajoutons pour terminer que lorsqu'il y a des truffières à vendre, elles sont loin d'atteindre la valeur en capital que justifierait cependant le chiffre élevé de la valeur de leurs produits. L'an dernier, une surface de terrain contenant des truffières a été vendue dans la commune de Nadaillac, canton de Salignac (Dordogne). Quelques jours après la vente, je demandai à l'acquéreur s'il avait acheté ces terrains un haut prix. « Je les ai achetés bien cher, me répondit-il, oui, bien cher; je crois qu'il me faudra six années pour rentrer dans mon capital par le produit de la vente des truffes que j'y récolterai. » Nos plus habiles financiers seraient, je crois, fort embarrassés pour indiquer des placements de fonds aussi rémunérateurs. — On peut dire que les truffières sont de petites mines d'or, connues seulement de leurs propriétaires et encore inconnues du public; le jour où les capitalistes connaîtront leur rendement, leur valeur quintuplera.

LA TRUFFE COMME ALIMENT

Beaucoup de personnes croient que la truffe est un aliment d'une digestion difficile, lourd à l'estomac et dont les dames surtout doivent s'abstenir de manger.

C'est une erreur.

Les bonnes propriétés de la truffe comme aliment sont prouvées par la tradition, la pratique de chaque jour et par l'analyse chimique.

Ugolinus de Fulgine fait dire à la truffe : « Mon goût est agréable ; c'est pourquoi j'orne la table des rois, des pontifes et de tous les puissants du monde. »

M. Chatin raconte que, dans ses voyages en Périgord et en Dauphiné, il en fait le fond de ses déjeuners, et que cela ne lui a jamais fait le moindre mal.

« On peut affirmer, dit le professeur Lavallé, que nulle substance n'est comparable à la truffe : arome parfait, inimitable, saveur exquise, de digestion facile, de nutrition plus complète que pas un autre végétal; la nature n'a rien refusé à ce précieux champignon. »

En France, lors des grandes fêtes qui furent données, en 1384, à la cour du roi à l'occasion du mariage de la reine Isabeau de Bavière, on fit, pour la première fois, une consommation considérable de truffes, et personne n'en fut malade, pas même les belles châtelaines d'alors.

Brugerin Champin, médecin de François Ier, les conseillait à cet illustre monarque comme remède contre ses maux d'estomac.

De nos jours, le docteur Devergie, célèbre par ses débats avec Orfila, ce savant chimiste qui trouva du poison dans le corps de ce malheureux Lafarge du Glandier, conseille les truffes contre les gastralgies, et plus anciennement le docteur Hallérius les avait vantées contre les douleurs de la goutte.

Le docteur Malouet en dévorait 500 à 1,000 grammes par jour, et il assurait qu'elles aidaient à sa digestion.

Tout le monde connaît l'opinion de Louis XVIII, ce spirituel gourmand pour qui la saison des truffes durait toujours.

« Que pensez-vous des truffes? dit-il un jour à son médecin Portal, qui était venu le voir pendant son déjeuner. Je parie que vous les défendez à vos malades.

— Sire, répondit Portal, elles sont, je crois, un peu indigestes !

— Les truffes, docteur, ne sont pas ce qu'un vain peuple pense, » s'écria le roi ; et il avala, en présence de son médecin, un énorme plat de truffes au vin de Champagne, et ne s'en porta pas plus mal.

Mesdames, je crois donc que vous pouvez vous rassurer.

Il est vrai qu'il est encore des malins détracteurs de la truffe qui ont prétendu qu'elle contiendrait en elle une certaine liqueur éthérée, très dangereuse pour le cerveau et produisant, chez la femme comme chez l'homme, des enivrements incroyables.

Chatin, qui est un savant chimiste, les a analysées et n'y a rien trouvé de semblable.

Brillat-Savarin, qui n'était pas chimiste, mais qui était un homme d'esprit, consulté sur ce point, répondit :

« J'ai assisté à bien des soupers fins, j'ai vu manger beaucoup de truffes ; généralement on y ajoute un peu de champagne ; eh bien, je n'ai jamais vu s'enivrer ainsi ; tout ce que j'ai constaté, c'est que, dans un dîner, lorsqu'on a mangé quelques truffes et bu un verre de bon vin,

> Les hommes sont encore plus polis,
> Les dames encor plus aimables. »

SIGNES DISTINCTIFS
DES BONNES ET DES MAUVAISES TRUFFES.
QUELLE EST LA CONTRÉE
QUI PRODUIT LES MEILLEURES?

Les truffes noires sont les seules possédant les qualités recherchées par l'art culinaire, c'est-à-dire la pureté du parfum, jointe à la finesse d'une chair ferme et savoureuse.

Pour se trouver dans cet état, la truffe doit être extraite de terre au moment où elle a atteint sa .complète maturité, et consommée dans un délai assez court.

Les soins que l'on donne d'ordinaire aux truffes après leur récolte, et qui consistent à les envelopper de mousse fraîche ou de terre calcaire, permettront, il est vrai, de les conserver en bon état pendant qnelques jours, mais pas longtemps. Si l'on attend trop pour les consommer, un certain nombre se détériore, et c'est alors qu'on voit apparaître dans le tas les truffes connues dans le commerce sous les noms de truffes *suintantes* et de truffes *échauffées*.

Les premières sont mouillées à la surface et exhalent une odeur âcre et insupportable.

Les truffes échauffées dans le tas sont encore pires, car elles s'entourent d'une matière gluante et fétide qui exhale souvent une odeur de putréfaction très prononcée. Ces truffes ont ordinairement de la mousse blanche attachée à la terre qui les enveloppe, et si on pose le doigt sur une tranche intérieure, il y tient comme à la glu. Ces truffes doivent être sévèrement proscrites de toute préparation culinaire, car dans cet état elles sont réellement malsaines.

Les truffes qui ont été simplement gelées en terre peuvent être, au contraire, consommées sans inconvénient, pourvu qu'on les emploie avant qu'elles soient décomposées.

Les truffes gelées n'ont aucun signe extérieur bien apparent qui les distingue des truffes saines; mais pour les reconnaître il suffit de les serrer un peu fortement dans la main. Si le tubercule résiste à la pression, il est intact; si l'on sent la moindre élasticité, il est gelé.

De même si la truffe, en tombant à terre, résonne et rebondit, elle est infailliblement gelée.

La truffe se gèle assez facilement lorsque le froid survient au moment où la terre est humide; si au contraire la terre est sèche, il faut un froid vif pour la détériorer. Sorties de terre et exposées à l'air, les truffes gèlent rapidement à la température de 5 degrés au-dessous de zéro. Il faut donc, lorsqu'on a fait sa récolte, mettre ses truffes à l'abri du froid et, le plus possible, dans un endroit où la température reste uniforme sans s'élever au-dessus de 12 à 15 degrés, et sans s'abaisser au-dessous de zéro.

Je me suis un peu étendu sur la description des mauvaises truffes, afin de donner les moyens pratiques de les reconnaître facilement.

Mais revenons à ces truffes saines, parfumées, savoureuses, que Moynier appelle les truffes *gourmandes*, et Brillat-Savarin le *diamant de la cuisine*.

Beaucoup de pays ont la prétention d'en produire possédant ces hautes qualités; mais quelle est réellement la contrée où se trouvent les meilleures?

Cette question fut posée un jour à trois gourmets, l'un du Lot, l'autre du Périgord, le troisième du Dauphiné, que le hasard avait réunis et qui se payaient un fin repas.

« Le pays qui produit les meilleures truffes, s'écria le Cadurcien en appuyant fortement sur les *r* et les consonnes finales, c'est Cressenssac, près Martel, dans le Lot, et la preuve, c'est qu'à cause de leur puissant arome et de la délicatesse de leur parfum, on les a surnommées les truffes Moka; vous n'en trouverez nulle part plus sur la surface du globe qui aient obtenu cette épithète !

— Que m'importe que vous appeliez vos truffes la truffe

Moka, répondit tranquillement son voisin, calme comme un homme qui se sent sûr de la victoire; la réputation de la truffe du Périgord est vieille comme le monde ! Elle résiste et résistera à toutes les concurrences, honnêtes ou déloyales, qui pourront lui être faites. La bonne truffe, la fine truffe, la truffe gourmande enfin, ne portera jamais d'autres noms que ceux de truffe du Périgord ou truffe du Sarladais. Si la truffe est le diamant de la cuisine, elle est aussi la perle du *Périgord !*

— Eh ! cadédis, donnez-leur le **nom** que vous voudrez ! s'écria à son tour le Provençal, mais, sachez-le, vous en mangez souvent des miennes que vous croyez des vôtres, à preuve que je vends toute ma récolte chez vous et à vos propres fournisseurs ! »

On était au rôti ; une dinde truffée excellente et exhalant un parfum des plus corrects apparut tout à coup.

« D'où viennent ces truffes ? » s'écrièrent spontanément les trois gourmets.

Le maître d'hôtel, en homme prudent, ne voulut pas répondre.

Les convives discutèrent longtemps; toutes les truffes furent mangées, mais on ne put tomber d'accord sur leur pays d'origine.

La question ne fut donc pas résolue; aussi des discussions semblables se sont bien souvent renouvelées depuis.

Cependant la supériorité des truffes du Périgord est aujourd'hui tellement notoire que les commerçants n'hésitent pas à vendre sous cette estampille toutes leurs truffes; jamais ils n'avoueront qu'ils en reçoivent de la Charente ou du Dauphiné.

La truffe du Périgord est aussi la seule que les fins gastronomes admettent dans leurs préparations culinaires, et la seule que nos poètes français ou nos félibres aient chantée.

Citons comme exemples une ode à la truffe dont l'auteur a gardé l'anonyme, et un sonnet en vers patois de Chastenet.

ODE A LA TRUFFE

Je te salue, enfant de la Dordogne ;
Car sur ces bords un beau jour tu naquis.
Noir diamant, perle de la Gascogne,
Tous les gourmets vénèrent ton pays !

De nos festins tu décores la table,
Et, de ton suc repu dès le matin,
Tel député qu'on croyait intraitable
Change de boule, en allant au scrutin.

LA TRUFFO

(SONNET COURONNÉ PAR LA SOCIÉTÉ DES FÉLIBRES DE PARIS)

En Arle, en Avignon e dins Beucaire,
S'en trobo, pareitrio ; mai a Cahor.
Lou Lot, coumo lou Rhône, ei un trufaire ;
    N'y a de trufo qu'en Perigord !

De Sarlat, Perigueux, Autofort
Monto al cial un parfum que troumpo gaire.
La trufo ei lou diamant d'aqueu terraire.
Qu'ei lou porc que la trobo ; ounour al porc !

Quand la taulo de trufo ei embaumado,
La joio vai et ve touto empenado,
Que l'oun voudrio jamai se separa.

Et quand la taulo ei en riboto,
L'amour, quel bufareu que chacun doto,
Pauso soun arbaleto avant d'entra.

A. CHASTENET,
Félibre majoral.

Après avoir lu ces quelques vers, les Provençaux, je n'en doute point, avoueront eux-mêmes leur défaite.

ÉVALUATION DE LA QUANTITÉ DE TRUFFES NOIRES
PRODUITE DANS CHAQUE DÉPARTEMENT FRANÇAIS

Voici, d'après l'ouvrage si remarquable et si complet de M. Chatin, publié en 1892 à la librairie Baillère et fils à Paris, quelle était à cette époque la quantité de truffes produites dans les départements français où l'on récolte la truffe noire (*Tuber melanosporum*), appelée dans le commerce *truffe du Périgord*, quel que soit son pays d'origine.

Alpes (Basses-)	380,000 kil.		*Report*	963,200 kil.
Alpes (Hautes-)	4,500		Lot	360,000
Alpes-Maritimes	8,500		Lot-et-Garonne	36,900
Ardèche	30.000		Lozère	8,000
Ariège	7,000		Maine-et-Loire	100
Aude	1,000		Marne	200
Aveyron	46,000		Nièvre	12,500
Charente	53,000		Pyrénées (Hautes-).	200
Charente-Inf^{re}	18,000		Pyrénées-Or^{les}	300
Cher	4,000		Bouches-du-Rhône.	30,000
Corrèze	20,000		Rhône	250
Dordogne	160,000		Savoie	2,000
Drôme	180,000		Savoie (Haute-)	1,000
Gard	8,000		Seine-et-Oise	300
Garonne (Haute-)	6,000		Sèvres (Deux-)	2,500
Gironde	4,000		Tarn	18,000
Hérault	18,000		Tarn-et-Garonne	11,000
Indre	1,000		Var	30,000
Indre-et-Loire	9,000		Vaucluse	470,000
Isère	5,000		Vienne	32,000
Loiret	200			
A reporter	963,200 kil.		TOTAL	1,978,450 kil.

Si l'on prend pour évaluation de la valeur de la truffe de première main le prix de 10 francs le kilogramme, on arrive au chiffre de 19,784,500 francs pour la valeur de la production totale de la truffe noire en France.

Mais il est bien évident que dans cette appréciation il ne peut être question que du prix de première main; car le chiffre de 10 francs, alors même qu'il est réellement celui de la moyenne du marché dans les pays producteurs, est souvent doublé et triplé par le commerce avant que la truffe arrive au consommateur.

On récolte aussi dans une dizaine de départements une truffe qui ne ressemble nullement à la truffe du Périgord, mais qui a cependant quelque valeur commerciale : c'est la variété connue sous le nom de truffe de Bourgogne; sa production en France peut être évaluée à environ 75,000 kilos.

RELEVÉ GÉNÉRAL DES IMPORTATIONS
ET
EXPORTATIONS DE TRUFFES DE TOUTE NATURE
(FRAICHES, MARINÉES OU SÈCHES)
DE 1856 A 1895.

ANNÉES	IMPOR-TATIONS	EXPOR-TATIONS	ANNÉES	IMPOR-TATIONS	EXPOR-TATIONS	ANNÉES	IMPOR-TATIONS	EXPOR-TATIONS
	Kilos.	Kilos.		Kilos.	Kilos.		Kilos.	Kilos.
1856	2,037	43,673	1885	19,681	131,099	1891	11,059	188,907
1860	16,817	35,361	1886	27,322	170,244	1892	4,631	164,243
1865	13,895	56,947	1887	15,757	191,075	1893	19,803	166,704
1870	11,480	102,013	1888	15,478	141,157	1894	26,117	164,444
1875	18,693	161,020	1889	10,985	205,444	1895	7,844	181,154
1880	7,026	201,554	1890	6,859	207,765			

Il résulte du tableau ci-dessus que depuis l'année 1860 le chiffre des importations de truffes (qui presque toutes nous arrivent d'Italie) est resté stationnaire, tandis que le chiffre des exportations s'est élevé de 35,000 à 181,000 kilos et a dépassé parfois 200,000 kilos; on peut donc affirmer que de 1860 à 1895 les exportations de truffes ont plus que quadruplé, — et cette augmentation s'accentuera encore le jour où l'Amérique consommera la truffe dans les mêmes proportions que les autres pays, ce qui arrivera bien probablement dans un prochain délai. — Cette espérance est assez rassurante pour les trufficulteurs actuels.

Enfin, si l'on prend pour l'évaluation des truffes exportées les chiffres du ministère du commerce, la truffe étant estimée en 1895 à 24 francs le kilo, on arrive à la somme de 4 millions 347,000 francs pour la valeur des exportations faites au cours de cette année-là. — Il est vrai qu'en 1895 la rareté de la truffe avait amené de très hauts prix sur les marchés, et l'on pourrait par suite trouver le prix de 24 francs le kilo trop élevé pour des évaluations en moyenne. Toutefois il ne faut pas oublier que, les exportations étant en grande partie composées de truffes en conserves, vendues bien souvent au prix de 40 francs le kilogramme, le prix de 24 francs indiqué pour 1895 par le ministère du commerce comme valeur moyenne des exportations doit se rapprocher sensiblement de la vérité.

Il suffit d'avoir énoncé les chiffres qui précèdent pour montrer qu'aujourd'hui la truffe est devenue un des éléments sérieux de la richesse nationale française.

COMPOSITION CHIMIQUE DE LA TERRE DES TRUFFIÈRES ET DE LA TRUFFE

§ 1.

1° Terre à truffes de Savignac-les-Églises (Dordogne).

(Analyse faite par M. Chatin. — Voir *la Truffe*, p. 277.)

Azote..........................	0,05	*Report*	11,37
Acide phosphorique.......	0,14	Peroxyde de fer...........	4,20
Acide sulfurique...........	2,00	Alumine...................	9,20
Chlore et iode.............	0,19	Oxyde de manganèse : traces.	
Chaux......................	7,45	Matières organiques sans	
Magnésie...................	0,44	azote...................	8,03
Potasse....................	0,92	Silice....................	58,00
Soude......................	0,18	Acide carbonique.........	9,20
A reporter.....	11,37		100,00

2° Terre à truffes de Souillac (Lot).

Azote.....................	0,08	*Report*	26,78
Matières organiq. sans azote.	10,10	Soude....................	0,15
Acide phosphorique.......	0,20	Peroxyde de fer, alumine..	15,12
Acide sulfurique..........	2,00	Oxyde de manganèse : traces.	
Chaux....................	13,00	Silice....................	45,20
Magnésie.................	0,40	Acide carbonique, pertes...	12,75
Potasse..................	1,00		
A reporter.....	26,78		100,00

§ 2.

1° *Truffe de Savignac-les-Églises (Dordogne).*

Eau	77	**La matière sèche a donné :**	
Matière sèche	23	Azote	3,98
	‾‾‾	Matières organiques et vo-	
	100	latiles sans l'azote	90,40
		Cendres	5,62
			‾‾‾‾‾
			100,00

La composition des cendres rapportée à 100 est la suivante :

Acide phosphorique	21,65	*Report*	50,55
Acide sulfurique	3,10	Peroxyde de fer, traces d'a-	
Chlore et iode	0,20	lumine	3,80
Chaux	6,00	Oxyde de manganèse	0,05
Magnésie	1,20	Résidu insoluble dans les	
Potasse	17,40	acides	35,25
Soude	1,00	Acide carbonique, pertes	10,35
A reporter	50,55		‾‾‾‾‾
			100,00

2° *Truffes de Souillac (Lot).*

Eau	78	**La matière sèche a donné :**	
Matière sèche	22	Azote	4,98
	‾‾‾	Matières organiq. sans azote	87,19
	100	Cendres	7,83
			‾‾‾‾‾
			100,00

La composition des cendres rapportées à 100 est la suivante :

Acide phosphorique	30,28	*Report*	70,98
Acide sulfurique	4,65	Peroxyde de fer (alumine	
Chlore et iode	0,20	traces)	3,20
Chaux	9,40	Oxyde de manganèse : traces.	
Magnésie	0,20	Silice	17,00
Potasse	25,15	Acide carbonique, pertes	8,82
Soude	1,10		‾‾‾‾‾
A reporter	70,98		100,00

La proportion de l'acide phosphorique et de la potasse est bien plus élevée, on le voit, dans les truffes de Souillac que dans celles de Savignac-les-Églises.

RÉCOLTE DE LA TRUFFE

Les truffes n'acquièrent la totalité de leurs qualités alimentaires que par une maturité complète; il est donc très important de ne point les récolter avant l'heure; et comme leur maturité a lieu, suivant l'époque de leur naissance, depuis la fin de novembre jusqu'à la fin de février, il est impossible de récolter en même temps tous les tubercules qui se trouvent dans une truffière, sans en détériorer la plus grande partie.

Aussi, parmi les divers modes usités pour la recherche des truffes, nous n'hésiterons pas à préconiser de préférence le procédé qui garantit le mieux une récolte faite à point.

Ces divers modes d'extraction de la truffe sont au nombre de trois :

1° Récolte par l'homme lui-même;

2° Récolte à l'aide du chien;

3° Récolte à l'aide du porc.

La récolte faite par l'homme lui-même en se basant sur ses propres observations comprend deux méthodes : 1° récolte à la mouche; 2° récolte à la marque.

RÉCOLTE A LA MOUCHE

Cette méthode repose sur cette observation que certaines mouches recherchant les truffes pour s'en nourrir forment des petits essaims qui voltigent au-dessus de l'emplacement des truffes mûres, ou bien quittent la truffe et s'échappent du sol aussitôt que l'homme s'approche de la truffière et qu'elles entendent le bruit de ses pas.

On fouille alors le sol au-dessous de l'endroit où l'on a vu voltiger ces essaims, ou ces mouches, et généralement on trouve une truffe mûre ou décomposée.

Cette méthode peut faire découvrir quelques truffes dans des journées chaudes et en plein soleil à la personne qui n'a ni chien ni porc; mais il est impossible de faire par ce procédé une récolte sérieuse. Par les temps sombres, pluvieux et froids, il est même impossible d'en faire usage ; car, malgré les observations les plus minutieuses, on ne voit alors aucune sorte de mouche sur les truffières.

RÉCOLTE A LA MARQUE

Pendant les mois de septembre et d'octobre, les truffes, en se développant, font un peu soulever la terre au-dessus d'elles, en formant une boursouflure semblable à celle d'un champignon qui va naître, si elles sont très superficielles ; ou bien elles font crever la terre en formant des petites fentes s'entre-croisant, si elles sont un peu plus profondes.

Le trufficulteur attentif marque les places où il a vu ces fentes ou ces boursouflures, qu'il détruit d'ailleurs en les effaçant légèrement à la main, pour que d'autres que lui ne puissent pas les reconnaître, et plus tard, lorsqu'il a besoin de ces truffes, ou qu'il les suppose parvenues à maturité, il les extrait du sol soit à la houe, soit à la main.

Ces truffes sont généralement les plus grosses, et elles feraient un choix superbe, si on ne les récoltait pas avant leur maturité ; à cause de cela, elles manquent presque toujours de couleur et de parfum. Pour remédier à ces défauts, beaucoup de trufficulteurs les enfouissent dans de la terre calcaire en les plaçant sur un lit de mousse et les recouvrant assez de terre pour qu'elles se trouvent complètement à l'abri de l'air. Traitées ainsi, ces truffes s'améliorent un peu, mais jamais elles n'acquièrent les qualités des truffes récoltées au moment de leur maturité.

Ce sont ces truffes qui alimentent en grande partie les marchés qui se tiennent en novembre, et c'est à cause de leur manque de maturité complète que les truffes achetées à cette époque sont généralement dénuées de parfum.

RÉCOLTE A L'AIDE DU CHIEN

Le chien bien dressé va droit à la truffe mûre en aspirant son arome, s'arrête au-dessus d'elle, en marquant une sorte d'arrêt, et cherche à la déterrer en grattant vivement le sol. Si la truffe est superficielle, il l'extrait ainsi facilement; si elle est profonde en terre, il s'arrête, et le rabassier continue la fouille avec sa houe : ce qui l'oblige à un travail assez long et assez délicat, pour ne pas couper la truffe qu'il veut extraire et dont il ne connait pas la profondeur.

La recherche de la truffe à l'aide du chien a le grand avantage de ne faire récolter que les truffes parfaitement mûres; mais elle a l'inconvénient de ne pas mettre la truffe à découvert; par suite, la récolte se fait beaucoup plus lentement qu'à l'aide du porc.

Néanmoins on emploie le chien pour la récolte de la truffe dans la Bourgogne, la Champagne, la Franche-Comté, le Dauphiné, et sur quelques points du Lot et de la Dordogne.

Mais le plus souvent le chien est le complice du voleur de truffes, qui, pendant le jour, armé de son fusil et accompagné de son chien, fait semblant de chasser les perdreaux et les lièvres, tandis qu'en réalité il marque les places où son chien lui indique des truffes, et il va ensuite les voler pendant la nuit.

Aussi dans beaucoup de localités les propriétaires de truffières défendent rigoureusement la chasse dans leurs glandées à partir du 1ᵉʳ novembre.

Les chiens que l'on préfère pour la recherche de la truffe sont les barbets et roquets de petite taille, plus connus sous les noms de Loulous ou Moutons. On ne veut pas des chiens de chasse, dans la crainte que la recherche du gibier ne les détourne de celle de la truffe.

RÉCOLTE A L'AIDE DU PORC

Un porc bien dressé marche droit à la truffière, qu'il reconnaît de loin; puis il chasse au vent, aspirant les émanations des truffes mûres qui se trouvent autour de lui, et, choisissant la plus rapprochée, il enfonce son groin en terre au-dessus d'elle, et la met à nu en la dégageant rapidement de la terre qui la recouvre. Aussitôt la truffe arasée, c'est-à-dire rendue visible, il tient sa tâche pour finie et se tourne vers son maître pour en avoir son salaire, consistant en quelques grains de maïs ou de glands. Celui-ci s'empresse de le satisfaire, et, pendant que le porc prend ce maigre repas, il enlève le tubercule en passant dessous la pointe de son bâton ferré.

« La recherche de la truffe par le porc est de beaucoup la plus productive, en raison de la sûreté de l'animal et surtout de la rapidité merveilleuse avec laquelle il fouille la terre. On cite, à Montagnac, un rabassier qui, avec une excellente truie, récolte en deux jours 35 kilogrammes de truffes. » (CHATIN, *la Truffe*, p. 210.)

Le porc bien dressé ne cherche la truffe qu'à l'odorat, et de la sorte on ne récolte que les truffes mûres; mais il est très porté à enfoncer son groin en terre pour trouver les tubercules qui n'ont encore qu'un faible parfum. Quelques trufficulteurs, désireux de faire au début de la saison la récolte la plus ample possible, encouragent le porc à opérer ainsi, ce qui est très fâcheux, car c'est le moyen de récolter les tubercules avant leur maturité. Le porc s'habitue vite à cette façon d'agir; arrivé sur la truffière, il enfonce son groin partout, laboure pour ainsi dire la terre en tous sens, et met à nu toutes les truffes qui s'y trouvent. Les truies qui opèrent ainsi s'appellent des truies fouilleuses. Je le répète, on ne peut faire ainsi la récolte de la truffe qu'au détriment de sa qualité.

Le porc mâle pourrait parfaitement être dressé pour la

recherche de la truffe; mais on préfère la truie à cause des bénéfices annuels qu'elle donne par ses portées, ce qui permet de la conserver plusieurs années après l'avoir dressée, et aussi parce qu'elle a généralement le nez plus fin et une docilité plus grande.

Pour dresser une jeune truie à la recherche des truffes, on lui fait d'abord manger des truffes cuites mélangées à un peu de lard; lorsque la truie en est très friande, on l'habitue aux truffes crues, et lorsqu'elle les mange également avec avidité, on la conduit sur une truffière dans laquelle on a enfoui quelques truffes cuites ayant un fort parfum; la truie les déterre et les mange, puis elle déterre des truffes crues, et on lui laisse manger les premières. Lorsqu'elle recherche activement ainsi les truffes pour son compte, on lui passe le collier au cou, et lorsqu'elle est au moment de saisir la truffe qu'elle a mise à nu, on tire vivement sur elle, on lui fait quitter la truffe et on lui donne quelques grains de maïs. Souvent la lutte devient vive entre la truie et le rabassier, et le bâton ferré n'est pas inutile à ce dernier pour se faire obéir. Mais c'est l'affaire du premier jour : bientôt l'animal comprend ce que l'on veut de lui, et, guidé par l'appât du maïs et la crainte du coup, il obéit.

Le porc commence à bien extraire les truffes vers l'âge de deux ans; il a toutes ses qualités à trois ou quatre ans, et il fait ensuite un bon service pendant bien des années.

JURISPRUDENCE

Le vol des truffes, suivant les circonstances dans lesquelles il est accompli, tombe sous le coup des articles 475 ou 388 du Code pénal.

Si ce vol est accompli de jour par une personne *seule,* et ne portant avec elle *ni sac, ni panier, ni objets équivalents,* la contravention tombe sous l'application de l'alinéa 15 de l'article 475 du Code pénal, infligeant une simple amende de 6 à 10 francs.

Si le vol de truffes est commis soit de jour par une personne seule, mais munie *d'un panier, d'un sac ou d'un objet équivalent,* ou par plusieurs personnes réunies ; soit de nuit par une personne seule et alors même qu'elle ne serait munie d'aucun *sac, panier ou objet équivalent,* l'alinéa 5 de l'article 388 du Code pénal, portant amende de 16 à 200 francs et emprisonnement de seize jours à deux ans, doit être appliqué.

Telle est la jurisprudence depuis le rapport de M. Barbier fait à la cour de cassation le 3 août 1878.

RECETTES CULINAIRES

CONSERVES DE TRUFFES EN BOITES

Truffes pelées.

Prenez des truffes très saines et mettez-les tremper dans un vase plein d'eau, où vous les laisserez pendant toute la nuit qui précédera le moment où vous voudrez faire vos conserves.

Le matin venu, brassez fortement vos truffes de façon à bien les laver, puis mettez-les dans de l'eau tiède. Prenez ensuite vos truffes une à une, et brossez-les bien de façon à faire disparaître toutes les parties terreuses ; passez-les encore dans une troisième eau bien propre, puis mettez-les dans un panier de fil de fer ou d'osier pour les faire égoutter. Lorsque vous aurez ainsi bien nettoyé vos truffes, il faudra les peler soigneusement, puis les mettre tremper dans de l'eau légèrement salée ; brassez-les un moment pour les débarrasser de toutes les parcelles de terre ou de pelure, et lorsqu'elles seront parfaitement propres, retirez-les de l'eau et placez-les sur un linge blanc.

Ceci fait, ayez des cylindres en fer-blanc, de la contenance qu'il vous plaira, depuis 100 grammes jusqu'à 10 kilos, et rangez bien vos truffes dans ces cylindres, de façon à en faire tenir le plus possible dans chacun d'eux. Saupoudrez de sel blanc les truffes qui sont au sommet. Fermez ensuite les boîtes, faites souder hermétiquement et faites cuire au bain-marie, dans de l'eau toujours très bouillante, pendant deux heures et demie.

Retirez ensuite vos boîtes de l'eau, et, à mesure qu'elles en sortent, présentez-les un instant à l'oreille. Si vous entendez le moindre sifflement, la boîte est manquée par la soudure et à refaire; si vous n'entendez aucun bruit, elle est probablement réussie. Laissez ensuite refroidir, et, lorsque vous placerez vos boîtes dans l'armoire, observez bien si le couvercle et le fond restent bombés, ou s'ils ont repris leur position horizontale.

Dans le premier cas, la boîte est suspecte et devra être consommée des premières; dans le second cas, la boîte est réussie et peut se conserver indéfiniment.

Si les truffes avaient la moindre atteinte de gelée, mettez un peu de bon cognac dans chaque boîte, environ une cuillerée à bouche pour une boîte d'un litre.

Truffes brossées.

On peut, après avoir bien lavé et brossé les truffes, comme nous l'avons dit plus haut, se dispenser de les peler. On les met en boîtes sans les éplucher et on les traite exactement comme les boîtes contenant des truffes pelées. On en trouve beaucoup ainsi dans les maisons de commerce, où elles sont vendues sous le nom de truffes brossées, à un prix un peu inférieur à celui des autres.

Ces truffes se conservent aussi bien que les truffes pelées, mais elles ont la peau rugueuse et dure, ce qui les rend d'une consommation très désagréable; elles sont en réalité d'une qualité bien inférieure aux truffes pelées; nous n'engageons pas à en faire de cette sorte.

TRUFFES PRÉPARÉES POUR L'ENVOI A L'ÉTRANGER
ET AUX COLONIES

Ces truffes ayant à supporter parfois de très fortes chaleurs en route, comme cela arrive notamment pendant la traversée de la mer Rouge, et étant ainsi soumises à de très grandes variations de température, doivent être soumises à une double cuisson et remplir le plus possible les cylindres qui les contiennent, sans y laisser de grands vides.

Dans ce but, après avoir lavé, brossé et pelé les truffes comme il est dit plus haut, on les met dans des bidons de deux, cinq ou dix kilos, suivant les envois que l'on veut faire; on soude fortement ces bidons et on les fait cuire au bain-marie, à grande ébullition, pendant une heure et demie. On retire de l'eau et on fait refroidir.

Peu de jours après, et avant qu'un commencement de fermentation ait pu avoir lieu, on retire les truffes des bidons, et on les place dans les boîtes que l'on veut expédier; on les remplit autant que possible, et l'on ajoute une certaine quantité du jus qui se trouve dans le fond des bidons, de façon à utiliser environ la moitié de ce jus. On ferme, on soude, et on fait cuire à nouveau pendant deux heures et demie à grand feu.

Traitées ainsi, les conserves ont une durée indéfinie.

CONSERVES EN FLACONS DE VERRE

Ces conserves sont faites absolument comme les conserves pour les colonies; seulement, en retirant les truffes des bidons après la première cuisson, au lieu de les mettre dans des cylindres en fer-blanc, on les place dans des flacons de verre, que l'on soude hermétiquement et que l'on fait cuire au bain-marie pendant deux heures et demie.

Il n'y a aucun avantage à mettre les truffes dans des flacons de verre; ces flacons, étant préparés de façon à supporter la soudure, sont fort coûteux, et ne sont nullement préférables pour assurer une longue conservation. — Aussi on ne les emploie généralement que pour y placer des échantillons servant à l'étalage devant les magasins.

CONSERVES DES ÉPLUCHURES

Lorsqu'on fait les conserves de truffes, il faut bien se garder de jeter les épluchures, qui, étant très propres (car elles ont été préalablement lavées plusieurs fois), peuvent être utilisées pour la cuisine, notamment pour les omelettes et les œufs brouillés.

On place ces épluchures dans des cylindres en fer-blanc d'une contenance de 50 à 100 grammes, que l'on garnit autant que possible, et l'on procède ensuite comme pour les boîtes de truffes, entre lesquelles on les place pour la cuisson.

DINDE TRUFFÉE DU PÉRIGORD

Choisissez de préférence une dinde grasse et bien blanche et préparez-la comme pour la mettre en broche.

Mettez de côté la graisse détachée en la vidant.

Prenez cinq livres de bonnes truffes noires et bien saines, que vous faites laver, brosser et peler soigneusement.

Mélangez ces truffes avec la graisse retirée de la dinde, afin de les rendre plus onctueuses ; ajoutez seulement le sel nécessaire et pas autre chose.

Garnissez ensuite votre dinde avec les truffes ainsi préparées à froid, en vous abstenant de les faire sauter sur le feu comme quelques-uns le conseillent.

Cousez l'ouverture où vous l'aurez vidée et la poche que vous aurez aussi remplie de belles truffes ; troussez-la bien, bridez-la, et couvrez-la avec une belle barde de lard sur l'estomac.

Dans cet état votre dinde devra, en hiver, au temps froid, être attendue huit jours.

Faites rôtir et servez dessous une sauce Périgueux, composée ainsi qu'il suit par Robert.

4.

SAUCE PÉRIGUEUX (ROBERT)

Mettez dans une casserole 3 cuillerées d'espagnole. une de blond de vcau, 2 truffes hachées bien fin, un peu de muscade râpée; faites jeter un bouillon à votre sauce et tenez-la au bain-marie pour vous en servir aux choses indiquées.

TRUFFES A LA PÉRIGUEUX

Faites une mirepoix, composée de 200 à 300 grammes de lard haché; faites fondre dans une casserole; mettez deux oignons, deux carottes, un peu de céleri, racine de persil, le tout émincé; faites revenir ces légumes doucement sans leur faire prendre couleur, puis additionnez de 200 grammes de jambon cru, coupé en dé, ainsi que quelques parures de champignons, un bouquet de persil garni d'aromates et de quelques grains de poivre; mouillez avec une bouteille de vin blanc; mettez en ébullition et retirez aussitôt la casserole sur feu modéré, mais assez soutenu pour amener le fond à un tiers de réduction de son volume.

Prenez ensuite 15 ou 20 belles truffes, finement pelées; placez-les dans une casserole foncée avec des bardes de lard bien minces; mouillez-les à trois quarts de hauteur environ avec moitié fond de mirepoix et moitié vin de Marsala ou Madère et un peu de sel, puis masquez-les avec des bardes de lard et un rond de papier beurré; faites-les cuire vivement pendant 25 à 30 minutes, selon leur grosseur, égouttez-les et dressez-les sur une belle croûte de pain grillé imitant une coupe; faites réduire la cuisson de moitié; dégraissez-la bien, et, au moment de servir, additionnez d'un peu de beurre frais et arrosez les truffes, puis servez très chaud. (Buys, maître d'hôtel à Périgueux.)

TRUFFES AU CHAMPAGNE

Mettez vos truffes comme ci-dessus dans une casserole, avec lard, jambon, aromates, sel et poivre; mouillez à couvert avec une bouteille de champagne sec. On termine l'opération comme ci-dessus, en ayant soin de mettre les truffes en buisson sur une serviette, et la sauce à part. (Buys, maître d'hôtel à Périgueux.)

TRUFFES EN PAPILLOTE A LA CHEVET

Chaque belle truffe est placée dans un papier huilé, avec un peu de sel, d'ail, d'échalote, de thym et un quart de feuille de laurier; trois autres papiers huilés sont ajoutés au premier; un cinquième papier, mais celui-là mouillé, entoure le tout, qui est mis à cuire pendant trois quarts d'heure sous la cendre chaude, puis servi brûlant avec du beurre. (Chatin, *la Truffe,* page 316.)

ENVOIS DE TRUFFES FRAICHES

Les truffes fraîches ne doivent jamais être placées dans des caisses en bois, grandes ou petites, pour les envois que l'on a à faire; emballées ainsi, elles risqueraient, par suite du manque d'air, de s'échauffer et de se détériorer en route.

Le seul emballage qui convienne est la bourriche d'osier, ou de lames de châtaignier; ces bourriches sont en général de la forme d'un carré allongé; ou ovales et bombées en dessous avec un couvercle plat; cette dernière forme est surtout adoptée pour la dinde truffée.

Quelles que soient la forme de la bourriche et sa grandeur, on doit d'abord la tapisser en dessous et sur les côtés avec de la mousse fraîche; et si l'on redoute une gelée en route, on fait la couche de mousse assez épaisse pour mettre les truffes à l'abri d'un coup de froid. Ceci fait, on garnit l'intérieur de la bourriche de feuilles de papier blanc, qui devront déborder largement au dehors.

Les truffes sont ensuite rangées dans la bourriche en les serrant le plus possible les unes contre les autres, et en mettant une certaine quantité de belles truffes au fond, les truffes de grandeur moyenne ou petites au centre, et l'on coiffe en mettant au-dessus les truffes les plus grosses et les plus rondes.

De la sorte, lorsqu'on ouvre la bourriche, le premier coup d'œil est satisfaisant; et si l'on vide la bourriche pour voir tout son contenu, on a un mélange parfait et qui permet d'apprécier l'envoi à sa juste valeur.

Au contraire, si l'on place toutes les petites truffes au fond et toutes les grosses dans le haut, lorsqu'on vide la bourriche toutes les petites truffes se trouvent au-dessus du tas, recouvrant les belles, qui ne se voient plus, et l'envoi est par suite très déprécié.

La bourriche étant convenablement garnie, on ramène le papier blanc de façon à bien recouvrir le tout; on place au-dessus une couche de mousse plus ou moins épaisse suivant le degré de température, on ficelle, on met un plomb à sa marque et l'on expédie.

Si la bourriche doit être expédiée en valeur déclarée, il faut y mettre une adresse volante; dans le cas contraire, l'adresse peut être fixée au couvercle de la bourriche par les angles, de façon à en recouvrir une partie.

Généralement les envois sont faits par colis postaux, mais en valeur déclarée; car, en cas de perte du colis sans déclaration de valeur, le remboursement fait par les compagnies serait par trop au-dessous de la valeur réelle de la marchandise.

SERVICE DES COLIS POSTAUX

NOTIONS GÉNÉRALES

Le service des colis potaux est exécuté, au nom et sous le contrôle de l'administration des postes, par les compagnies de chemins de fer, les compagnies maritimes et les courriers de la poste.

ÉTENDUE DU SERVICE

Les colis postaux sont acceptés pour les destinations suivantes, savoir : 1° La France (*Voir tableau* A) ;

2° La Corse, l'Algérie, la Tunisie (*Voir tableau* B) ;

3° Les colonies françaises (*Voir tableau* C) ;

4° Un grand nombre de pays étrangers et la plupart des colonies anglaises (*Voir tableau* D).

CONDITIONS GÉNÉRALES

Poids. — Le poids des colis postaux ne peut dépasser 3, ou 5, ou 10 kilogrammes, suivant les destinations. Le maximum du poids adopté par chaque pays est indiqué dans les ouvrages spéciaux déposés dans les gares de chemin de fer, et dont on trouvera un extrait aux pages 91 à 97 de cet Almanach.

Dimensions, volume. — Aucune condition de volume ni de dimension n'est exigée pour les colis circulant à l'intérieur de la France continentale, de la Corse, ou entre la Corse et la France, à l'exception des colis postaux de 5 à 10 kilos, qui ne peuvent dépasser la dimension de 1 m. 50 dans un sens quelconque. Les limites de volume ou de dimensions des colis postaux ne sont pas uniformes pour tous les pays ; il importe de se référer aux renseignements particuliers indiqués pages 91 à 97.

Colis encombrants. — Il peut être accepté, moyennant une taxe additionnelle de 50 pour 100 en sus du tarif ordinaire (non compris le droit de timbre), des colis encombrants pour les pays qui admettent ce genre de colis. Sont considérés comme encombrants : 1° les colis dépassant 1 m. 50 dans un sens quelconque ; 2° les colis qui, par leur forme, ne se prêtent pas facilement au chargement avec d'autres colis, qui sont volumineux, ou qui demandent des précautions spéciales.

Déclaration de valeur. — Il peut être accepté des colis avec déclaration de valeur jusqu'à la limite de 500 francs. Le droit supplémentaire d'assurance à recevoir pour la déclaration de valeur est uniformément de 0 fr. 10 c. dans le régime intérieur jusqu'à 500 francs. Dans le régime international, le droit supplémentaire d'assurance à percevoir par 300 francs, ou fraction de 300, est indiqué pour chaque pays au tableau D.

Perte des colis. — En cas de perte d'un colis en valeur déclarée, l'indemnité pourra s'élever jusqu'au montant de cette valeur; mais en cas de déclaration frauduleuse d'une valeur supérieure à la valeur réelle du colis, l'expéditeur perdra tout droit à une indemnité, sans préjudice des poursuites judiciaires que comporte la législation sur la matière. L'expéditeur aura droit en outre à la restitution des frais d'expédition.

En ce qui concerne les colis postaux sans valeur déclarée, sauf le cas de force majeure, la perte, la spoliation ou l'avarie d'un colis postal donnera lieu, au profit de l'expéditeur et, à défaut ou sur la demande de celui-ci, du destinataire, à une indemnité correspondant au montant réel de la perte, sans que cette indemnité puisse toutefois dépasser :

15 francs pour les colis ordinaires jusqu'à 3 kilos.
25 —   —   —   de 3 à 5 —
40 —   —   —   de 5 à 10 —

Remboursements. — La taxe afférente au retour d'un

remboursement de 500 francs et au-dessous sera fixée, quelle que soit la catégorie du colis postal, à 0 fr. 60, quand le montant du remboursement encaissé devra être versé entre les mains de l'expéditeur à la gare ou au bureau de ville d'expédition, et à 0 fr. 80 lorsque ce remboursement devra être effectué à domicile.

La taxe ci-dessus n'est applicable qu'au régime *intérieur*; en ce qui concerne le régime *international,* la taxe pour les pays qui admettent le remboursement est de 20 centimes par fraction indivisible de 20 francs.

Avis de réception. — L'expéditeur d'un colis postal peut obtenir un avis de réception, en payant d'avance un droit supplémentaire de 0 fr. 25 centimes. Ces avis de réception ne peuvent être demandés pour les colis expédiés dans l'Angleterre et les colonies anglaises.

Prohibitions. — Il est interdit d'envoyer par colis postal des lettres ayant le caractère de correspondance, des espèces monnayées, des objets précieux et des matières explosibles, inflammables ou dangereuses.

Conditionnement, emballage. — Tout colis postal doit porter l'adresse du destinataire et celle de l'expéditeur précédée des mots *Envoi de.* Les adresses au crayon ne sont pas admises. Le colis doit être emballé d'une façon qui préserve assez efficacement le contenu pour qu'il soit impossible d'y porter atteinte sans laisser une trace apparente de violation.

L'adresse d'un colis en valeur déclarée doit être écrite sur une carte volante retenue à l'emballage par une ficelle, et non cousue sur l'enveloppe du colis de façon à en recouvrir une partie.

Pour les colis expédiés ailleurs qu'à l'intérieur de la France, chaque envoi, avec ou sans valeur déclarée, doit, sous peine de refus, être scellé par un cachet à la cire, ou par un plomb avec marque spéciale de l'expéditeur. Pour les colis en valeur déclarée, l'empreinte du cachet doit être reproduite sur le bulletin d'expédition, et dans ce cas l'apposition du cachet ou du plomb est obligatoire pour les colis du régime intérieur de la France, comme pour ceux expédiés à l'étranger. On ne saurait d'ailleurs trop recommander d'user de cette mesure de précaution alors même qu'elle ne serait pas obligatoire. — De même pour les colis expédiés à l'étranger, il sera prudent de mettre à l'intérieur un duplicata de la suscription de l'adresse.

Tarif et expédition des colis postaux. — L'affranchissement des colis postaux est obligatoire au départ, d'après les tarifs indiqués aux tableaux pages 91 à 97.

Les colis peuvent être expédiés livrables en gare, ou livrables à domicile lorsqu'ils sont à destination d'une localité pourvue d'un service de factage ou de correspondance. Le prix du factage de la gare à domicile est de 0 fr. 25 par colis de toute catégorie.

Le prix du factage ne peut être acquitté par l'expéditeur pour les colis à destination des pays étrangers, excepté pour les colis à destination de l'Angleterre.

Les colis postaux à destination de l'étranger qui ne sont pas livrables à domicile doivent être adressés poste restante, et non en gare, à moins qu'il ne s'agisse de colis pour l'Espagne ou pour une localité de la Belgique pourvue d'une gare de chemin de fer.

Bulletins d'expédition et déclarations de douane. — Chaque colis postal doit être accompagné d'un bulletin d'expédition. Ces bulletins sont mis en vente dans toutes les gares ou bureaux ouverts au service des colis postaux ; ils peuvent être achetés en nombre et à l'avance.

Tout colis postal pour la Corse, l'Algérie, la Tunisie, les colonies françaises et l'étranger doit être accompagné, indépendamment du bulletin d'expédition, d'une déclaration en douane établie en autant d'expéditions que l'exigent la législation et le nombre des pays participant au transport. (Voir, pour ce nombre de déclarations, les tableaux pages 92 à 97.)

Dans les pays qui y consentent, les expéditeurs peuvent prendre à leur charge les droits de douane exigibles à l'arrivée, moyennant déclaration préalable et dépôt d'arrhes au bureau de départ.

Exprès. — Les colis peuvent être remis au destinataire immédiatement après leur arrivée en gare par un exprès, dans toute les localités où la remise à domicile est assurée.

La taxe à ajouter à celle d'un colis livrable à domicile est de 0 fr. 25 pour l'intérieur de la France, et de 0 fr. 50 pour l'étranger.

Réexpédition. — La réexpédition d'un colis postal, sur la demande de l'expéditeur ou du destinataire, ou du renvoi à l'expéditeur, donne lieu à la perception d'une nouvelle taxe égale à celle du premier transport. — La réexpédition par suite d'une erreur imputable au service ne donne lieu à aucune perception supplémentaire.

Colis postaux en souffrance. — Les colis postaux que les destinataires, dûment prévenus, n'ont pas fait retirer, demeurent en souffrance pendant un délai de huit jours en France et en Corse, et de quinze jours en Algérie. Passé ce délai, les expéditeurs sont consultés sur la manière dont ils entendent en disposer.

Si le colis postal est laissé en souffrance pendant six mois, il est livré à l'administration des douanes pour être vendu au profit de l'Etat ; toutefois les colis postaux non livrés qui renferment des articles sujets à détérioration ou à corruption sont immédiatement vendus.

En cas de refus des colis postaux par les destinataires, une lettre annonçant ce refus est envoyée aux expéditeurs.

En ce qui concerne les colis postaux internationaux, si dans les deux mois de la date de l'envoi de l'avis de non-livraison le bureau de destination n'a pas reçu d'instructions suffisantes, le colis est renvoyé d'office au bureau d'origine, aux frais des expéditeurs. Ce délai est porté à six mois pour les colonies françaises et les pays étrangers d'outre-mer.

Tableau A. — Colis postaux circulant à l'intérieur de la France.

POIDS DU COLIS	TAXE du colis postal livrable		TAXE d'assurance en cas de déclaration de valeur jusqu'à 500 francs.	TAXE du retour d'un remboursement (Maximum de remboursement 500 fr.)		Limite de dimension.	Limite de volume.	TAXE spéciale du colis postal livrable à domicile par exprès.
	en gare.	à domicile.		en gare.	à domicile.			
De 0 à 3 kilog.	0f,60	0f,85				Aucune condition de dimension. 1m,50 dans un sens quelconque.	Aucune condition de volume n'est exigée.	1f,10
De 3 à 5 kilog.	0f,80	1f,05	0f,10	0f,60	0f,85			1f,30
De 5 à 10 kilog.	1f,25	1f,50						1f,75

Si le colis postal est déposé dans un bureau des correspondants du chemin de fer ou dans un bureau de poste, ajouter 0f,25 en sus des taxes ci-dessus; ajouter également 0f,25 aux taxes normales pour le retour à la gare des sommes encaissées lorsque le colis postal grevé de remboursement est à destination d'une localité dépourvue de gare de chemin de fer.

Avis de réception, 0f,25.

Tableau B. — Colis postaux expédiés de la France continentale à destination de la Corse, de l'Algérie et de la Tunisie.

PAYS DE DESTINATION	VOIE	LIVRAISON	TAXE non compris le droit de timbre de 0ᶠ,10.		TAXE d'un remboursement de 100 fr. au maximum.	Limite de dimension.
			De 0 à 3 kilog.	De 3 à 5 kilog.		
CORSE......	Marseille (Joliette). ou Nice.	Port { à l'agence maritime..	0ᶠ,75	0ᶠ,95	Même taxe que pour le transport du colis.	Sans limites.
		à domicile	1ᶠ »	1ᶠ,20		
		Intérieur { en gare........	1ᶠ »	1ᶠ,20		
		à domicile	1ᶠ,25	1ᶠ,45		
ALGÉRIE ...	Marseille (Joliette) ou Port-Vendres [1].	Port { à l'agence maritime..	0ᶠ,75	0ᶠ,95	Il n'est pas accepté de colis avec valeur déclarée ou contre remboursement à destination de l'Algérie et de la Tunisie.	60 centimètres.
		à domicile	1ᶠ »	1ᶠ,20		
		Intérieur { en gare........	1ᶠ »	1ᶠ,20		
		à domicile	1ᶠ,25	1ᶠ,45		
TUNISIE	Marseille (Joliette).	Poste restante.............	1ᶠ »	1ᶠ,20		
		A domicile	1ᶠ,25	1ᶠ,45		
	Voie d'Algérie.	Poste restante.............	1ᶠ,25	1ᶠ,45		
		A domicile	1ᶠ,50	1ᶠ,70		

1. La voie de Port-Vendres ne peut être utilisée que pour les colis postaux à destination d'Alger et d'Oran.

Pour frais de transport à la gare des colis postaux déposés dans les bureaux des correspondants, ajouter 25 c. en sus des taxes ci-dessus.

Tableau C. — Colis postaux expédiés de la France continentale à destination des colonies françaises (Colis de 5 kilog.).

Voie à suivre. — Taxe des colis. — Nombre de déclarations de douane.

	PAYS DE DESTINATION	VOIE	Colis de 5 kil. TAXE y compris le droit de timbre de 0^f,10.	Nombre de déclarations de douane.	OBSERVATIONS
1	Annam	Marseille (Joliette)	4^f,10	1	Pour les colonies françaises les colis de 3 kilos sont taxés comme ceux de 5 kilos.
2	Cambodge	—	4^f,10	1	
3	Cochinchine				
4	Congo français	Marseille ou Bordeaux	3^f,10	1	Il n'est pas accepté des colis postaux contre remboursement, ou avec valeur déclarée, ni de colis encombrants pour les colonies françaises.
5	Côte d'Ivoire	—	3^f,10	1	
6	Diégo-Suarez	Marseille (Joliette)	3^f,10	1	
7	Dahomey	Marseille ou Bordeaux	3^f,10	1	
8	Guadeloupe	Marseille, Saint-Nazaire, Bordeaux	3^f,10	1	
9	Martinique				Pour frais d'apport à la gare des colis déposés dans les bureaux des correspondants, ajouter 25 cent. aux taxes ci-contre.
10	Guyane française	Saint-Nazaire	3^f,10	1	
11	Guinée française	Marseille ou Bordeaux	3^f,10	1	
12	Inde française	Marseille	3^f,10	1	
13	Madagascar	—	3^f,10	1	
14	Mayotte	—	3^f,10	1	La limite de dimension pour les colis postaux expédiés dans les colonies françaises est de 60 centimètres dans un sens quelconque, et la limite de volume est de 25 décim. cube. Par exception, la limite de volume pour Saint-Pierre-et-Miquelon est de 20 décim. cubes.
15	Nossi-Bé	—	3^f,10	1	
16	Nouvelle-Calédonie	—	4^f,10	1	
17	Obock	—	2^f,10	1	
18	Réunion (la)	—	3^f,10	1	
19	Sénégal, Soudan français	Bordeaux, Marseille	2^f,10	1	
20	Saint-Pierre-et-Miquelon	Calais, Londres, Halifax	4^f »	2	
21	Tahiti	Marseille	6^f,10	1	
22	Tamatave	—	3^f,10	1	
23	Tonkin	—	4^f,10	1	

Tableau D. — Colis postaux expédiés de la France continentale à destination des pays étrangers.

PAYS DE DESTINATION	VOIE	0 kilog. à 1k,360.	1k,360 à 3 kilog.	3 kilog. à 5 kilog.	Droit additionnel d'assurance par 300 fr. ou fraction de 300 fr.	de dimension	de volume	Nombre de déclarations de douane
Açores (îles)	Bordeaux			2f,85		0m,60	20 dmc.	2
	Espagne		2f,85			—	—	4
Afrique orientale britannique	Calais-Londres	4f,35	5f,85	8f,35		—	—	2
Afrique occidentale britannique	—	3f,60	4f,85	6f,85		—	—	2
Afrique sud-ouest allemande	Allemagne		7f,90			1m,50	sans limites	3
Afrique orientale allemande	—			4f,60				3
Allemagne	Directe			1f,10	0f,10	1m,50	sans limites	2
Allemagne	Belgique et réseau du Nord			1f,10	0f,10	—	—	3
Allemagne	Belgique et autres compagnies que le Nord			1f,70	0f,25	—	—	3
Allemagne	Luxembourg			1f,35	0f,25	—	—	3
Angleterre	Voie directe	1f,60	2f,10	2f,60	0f,20	0m,60	20 dmc.	2
Angleterre (îles de la Manche)	—	1f,60	2f,10	2f,60	0f,20	—	—	2
Antilles anglaises	Calais-Londres	3f,60	4f,60	6f,85	0f,33	—	—	2
Antilles danoises	Bordeaux, Marseille			3f,10		—	—	2
Argentine (République)	Bordeaux			4f,85		—	—	3
Ascension et Ste-Hélène	Calais-Londres	3f,60	4f,85	7f,85	0f,35	—	—	2

PAYS DE DESTINATION	VOIE	0 kilog. à 1k,360.	1k,360 à 3 kilog.	3 kilog. à 5 kilog.	Droit additionnel d'assurance par 300 fr. ou fraction de 300 fr.	de dimension	de volume	Nombre de déclarations de douane
Assab et Massouah	Modane-Vintimille			2f,85	0f,35	—	—	3
Australie	Calais-Londres	4f,60	6f,60	9f,85		—	—	2
Autriche-Hongrie	Italie, Allemagne, Suisse			1f,60		1m,50	sans limites	3
Bahamas	Calais-Londres	3f,85	5f,10	7f,60	0f,45	0m,60	20 dmc.	2
Belgique	Directe			1f,10	0f,10	1m,50	sans limites	3
Belize (Honduras britannique, Barbades)	Calais-Londres	3f,10	4f,60	6f,85	0f,35	0m,60	20 dmc.	2
Bermudes	—	3f,60	5f,35	7f,85	0f,45	—	—	2
Bulgarie	Allemagne-Suisse		2f,85			—	sans limites	3
Cameroun				2f,60	0f,35	1m,50	—	3
Canada (Dominion du)	Calais-Londres	2f,70	4f,85	7f, »		0m,60	20 dmc.	2
Cap (colonie du)		3f,10	7f,35	10f,35		—	—	2
Cap-Vert, Guinée	Bordeaux			3f,10		—	—	2
Ceylan	Calais-Londres	3f,20	6f,20	9f,20		—	—	2
Chili	Belgique			4f,60		—	28 dmc.	3
	Marseille			4f, »		—	20 dmc.	2
Chine {Shang-Haï, Amay-Canton, Fou-Tchéou, Macao, Hang-Kow, Hoïhow-Ningpo, Swatow}	France, Calais et Londres	4f,60	5f,83	7f,85	0f,35	—	—	2
Chypre	Marseille			2f,35		—	20 dmc.	2
Colombie	Voie française			3f,85		—	—	2
	Voie anglaise	4f,35	5f,83	8f,10		—	—	3
Congo	Belge			3f,10		—	—	2
Cook (îles de)	Calais-Londres	4f,10	7f,85	11f,60		—	—	3
Costa-Rica	France et Londres	4f,10	5f,35	7f,35		—	—	3
Curaçao	Marseille			3f,85		—	—	3
Danemark	D'Allemagne			1f,60	0f,25	1m,50	sans limites	3
	De Belgique			2f,10	0f,25	—	—	4
Égypte	Marseille			2f,35		0m,60	20 dmc.	2
	Italie			2f,35	0f,35	—	—	3
Espagne	Directe		1f,35			—	—	3
Falkland	Calais-Londres	3f,60	4f,85	6f,85		—	—	2
Finlande	Allemagne-Danemark		2f,85		0f,35	1m,50	sans limites	3

Tableau D (suite). — **Colis postaux expédiés de la France continentale à destination des pays étrangers.**

PAYS DE DESTINATION	VOIE	TAXE avec droit de timbre des colis de — 0 kilog. à 1k,360.	1k,360 à 3 kilog.	3 kilog. à 5 kilog.	Droit additionnel d'assurance par 300 fr. ou fraction de 300 fr.	LIMITES de dimension.	LIMITES de volume.	Nombre de déclarations de douane.
Galles (Nouvelle-) du Sud.	Allemagne - Danemark	4f,50	6f,50	9f,75	....	0m,60	20 dmc.	2
Grèce	Directe - Marseille	....	2f,10	....	....	—	—	4
Guinée (Nouvelle-)	Calais - Londres	4f,60	6f,60	9f,85	....	—	—	2
Guyane anglaise	—	4f,10	5f,50	8f,85	0f,35	—	—	2
Guyane néerlandaise	Saint-Nazaire	....	....	3f,85	....	—	—	3
Hébrides (Nouvelles-)	Calais - Londres	5f,35	7f,85	9f,35	....	—	—	2
Hong-Kong	—	4f,60	5f,85	7f,85	0f,35	—	—	2
Indes orientales	Marseille	....	....	4f,35	....	—	—	3
Italie et Saint-Marin	Modane, Vintimille	....	....	1f,35	0f,10	—	—	2
Jérusalem	Marseille	....	....	2f,10	....	—	—	3
Japon	France, Angleterre, Canada	3f,10	5f,22	7f,30	....	—	—	3
Libéria (République de)	Allemagne	....	....	2f,85	....	—	—	4
Laboan	Londres	4f,85	6f,10	8f,45	0f,45	—	—	2
Luxembourg	Directe	0f,75	....	....	0f,10	1m,50	sans limites	3
Madère	Bordeaux	....	....	2f,25	....	0m,60	20 dmc.	2
Mahé et les Seychelles	Marseille	....	....	3f,10	....	—	—	2
Malte	—	....	....	1f,85	....	—	—	2
Maurice	—	....	....	3f,10	....	—	—	2
Maroc	Paquebots français	....	....	1f,60	....	—	25 dmc.	2
Mexique	France, Calais, Londres	4f,35	5f,85	8f,35	....	—	20 dmc.	2
Monténégro	Allemagne-Suisse-Italie	....	....	2f,60	0f,35	1m,50	sans limites	3
Natal et Zululand	Voies de Calais-Londres	3f,20	6f,20	7f,85	....	0m,60	20 dmc.	2

PAYS DE DESTINATION	VOIE	TAXE avec droit de timbre des colis de — 0 kilog. à 1k,360.	1k,360 à 3 kilog.	3 kilog. à 5 kilog.	Droit additionnel d'assurance par 300 fr. ou fraction de 300 fr.	LIMITES de dimension.	LIMITES de volume.	Nombre de déclarations de douane.
Niger (protectorat du)	Calais-Londres	3f,60	4f,85	6f,85	0f,35	0m,60	20 dmc.	2
Norwège	Allemagne	....	....	1f,85	0f,35	1m,50	sans limites	3
Orange	Calais-Londres	3f,10	7f,35	10f,35	....	0m,60	20 dmc.	2
Paraguay	France, République Argentine	....	5f,20	....	0f,25	—	—	4
Pays-Bas	Belgique-Allemagne	....	....	1f,60	....	—	sans limites	4
Perse	Calais-Londres	3f,85	7f,35	9f,85	....	—	20 dmc.	2
Portugal	Bordeaux	....	1f,85	1f,85	....	—	—	2
	Espagne	....	....	....	....			4
Roumanie	Allemagne-Suisse-Italie	....	....	2f,35	0f,25	1m,50	sans limites	4
Salvador		....	....	2f,10	0f,25	0m,60	20 dmc.	3
Samoa (île de)	—	....	....	4f,60	....			3
Serbie		....	....	2f,10	0f,25	0m,60	sans limites	2
Siam	France, Calais, Londres	4f,35	6f,85	10f,85	....		20 dmc.	2
Singapore	Calais-Londres	4f,60	5f,85	7f,85	0f,35	0m,60	20 dmc.	2
Suède	Allemagne-Danemark	....	....	2f,60	0f,25	1m,50	sans limites	3
Suisse	Directe	....	....	1f,10	0f,10	1m,50	sans limites	3
Saint-Thomas et principe d'Angola	Voie de Bordeaux	....	....	3f,10	....	0m,60	20 dmc.	2
Sarawak	Calais-Londres	4f,60	6f,85	10f,35	0f,35	—	20 dmc.	2
Terre-Neuve		3f,10	4f,85	7f,85	....	—	20 dmc.	2
Togo	Allemagne	....	....	2f,60	....	1m,50	sans limites	3
Transvaal	Id.	3f,10	7f,35	10f,35	....	0m,60	20 dmc.	2
Tripoli	Marseille / Italie	....	....	2f,10 / 1f,60	0f,35	—	25 dmc.	4
Turquie, bur. français	Marseille	....	....	2f,10	....	—	—	2
Uruguay	Bordeaux	....	....	4f,85	....	—	20 dmc.	3
Venezuela	Saint-Nazaire, Bordeaux	....	3f,85	....	....	—	—	4
Welesley	Calais-Londres	4f,60	5f,85	7f,85	0f,35	—	25 dmc.	1
Zanzibar	Marseille	....	....	3f,10	....	—	—	2
Zélande (Nouvelle-)	Calais-Londres	4f,60	6f,85	10f,35	....	—	20 dmc.	2

RENSEIGNEMENTS SUR LES MARCHÉS AUX TRUFFES DES DÉPARTEMENTS

DORDOGNE

NOMS des localités où il existe des marchés aux truffes.	DATE des marchés aux truffes, mois et jours.	NOM de la rue ou de la place où se tient le marché.	HEURES de l'ouverture du marché.	HEURES de la clôture du marché.	RENSEIGNEMENTS sur l'importance des marchés.
1. Beaumont	Tous les mardis de déc., janvier et février.	Place de la Halle.	10 heures du matin.	2 heures du soir.	Marchés peu importants en ce qui concerne la vente des truffes.
2. Bergerac	1er et 3e mercredis de nov., déc., janv. et févr. — 11 novembre.	Place de la Halle.	Idem.	Idem.	Id.
3. Brantôme	Tous les vendredis de novembre, décembre, janvier, février, mars. — 25 novembre et 22 janv.	Place de la Halle ou du Ménage.	Id.	Id.	Belles truffes, bonne qualité. — Droit de place, 0 fr. 20 le kilo.
4. Coulaures	Tous les mardis de novembre à mars.	Place de la Chapelle.	Id.	Midi.	Belles truffes, bonne qualité. — Marché faiblement approvisionné.
5. Cubjac	Tous les vendr. de nov. à mars. — 24 février.	Place du Marché.	Id.	Id.	Id.
6. Champagne-Fontaine	7 janvier.	Id.	Id.	Id.	Id.
7. Excideuil	Le 17 janvier et tous les jeudis de nov. à mars.	Place de la Halle.	Id.	1 heure du soir.	Truffes de 1re qualité, marché abondamment approvisionné. — Droit de place, 0 fr. 20 par kilo. Oies grasses, foies gras.
8. Lisle	1er mardi après le 11 nov., 1er mardi de janv.	Place de la Halle.	Id.	Id.	Belles et bonnes truffes. — Marchés faiblement approvisionnés.
9. Latour-Blanche	21 décembre, 20 janvier.	Id.	Id.	Id.	Id.
10. Mareuil	Marché tous les mardis, de novembre à mars. — 12 novembre, 28 déc.	Place de l'ancienne Halle.	Id.	3 heures du soir.	Belles et bonnes truffes, vente de 80 à 100 kilos dans les marchés ordinaires, de 200 kilos environ le 28 décembre et le mardi avant Noël.
11. Montignac	25 nov. (Ste Catherine); 17 janv. (S. Antoine).	Abords de la place de la Mairie.	10 h. 30	Id.	Belles et bonnes truffes. — Marchés bien approvisionnés, 200 à 250 kilos le 25 novembre et le 17 janvier. — Oies grasses, foies gras d'oies et de canards.
12. Nabirat	3 décembre, 3 janvier, 3 février, 3 mars.		Id.	2 heures du soir.	Belles et bonnes truffes. — Marchés bien approvisionnés.
13. Périgueux	Tous les mercredis et dimanches de nov., déc., janv., févr. et mars.	Place Saint-Sylain. Café Daumesnil.	9 heures du matin.	midi.	Marchés très importants; truffes de très belle qualité; foies gras, volailles grasses. — Le premier mercredi après les Rois, distribution de primes pour les truffes et volailles grasses.
14. Ribérac	25 nov. — Tous les vendredis de nov. à mars.	Place de l'Ancien-Hospice.	10 heures du matin.	2 heures du soir.	Marchés bien approvisionnés en truffes, foies et volailles grasses.

NOMS des localités où il existe des marchés aux truffes.	DATES des marchés aux truffes, mois et jours.	NOM de la rue, ou de la place où se tient le marché.	HEURES de l'ouverture du marché.	HEURES de la clôture du marché.	RENSEIGNEMENTS sur l'importance des marchés.
15. Saint-Alvère.	Les lundis de chaque mois de nov. à mars. — 17 janv., 20 déc.	Place de la Halle.	10 heures du matin.	2 heures du soir.	Marchés peu importants pour les truffes.
16. St-Martial...	Le 15 de chaque mois.	Place publique.	Id.	Id.	Marchés très importants ; très belles et très bonnes truffes.
17. Salignac	Dernier vendredi et 2e jeudi de chaque mois. — 9 décembre, 20 janvier, 22 février.	Place de la Halle.	Midi.	Id.	Très belles et très bonnes truffes ; marchés bien approvisionnés ; foies gras.
18. Sarlat.......	Tous les samedis de novembre à mars. — Mercredi de la mi-carême.	Place de la Liberté.	Id.	Id.	Marchés très importants et très bien approvisionnés en belles et bonnes truffes, volailles grasses et foies gras.
19. Savignac-les-Eglises	17 janvier. — Les 2e et 4e lundis des mois de nov., déc., janv., févr., mars.	Place de l'Eglise et Grand'Rue.	10 heures du matin.	Midi.	Truffes de très bonne qualité, mais marchés peu approvisionnés, surtout le 2e lundi du mois.
20. Sorges	8 novembre, 20 janvier.	Place de l'Église.	Id.	Id.	Truffes de qualités diverses. — Marchés peu abondamment approvisionnés. Les belles truffes de Sorges sont vendues à Périgueux.
21. Terrasson...	11 novembre, 1er février et tous les jeudis de novembre à fin mars.	Place de la Marzelle.	Midi.	3 heures du soir.	Bonnes et belles truffes du Sarladais, volailles grasses, foies gras. C'est à Terrasson que se trouvent les marchés aux truffes les plus importants de la Dordogne. — Chaque jeudi le marché est abondamment pourvu.
22. Thenou	Tous les mardis depuis novembre jusqu'à la fin de mars.	Place publique.	Id.	Id.	Marchés très importants.
23. Thiviers.....	Lundi de la mi-carême et tous les samedis de novembre à fin mars.	Place de l'Ancien-Hospice.	10 heures du matin.	2 heures du soir.	Marchés bien approvisionnés en truffes de 1re qualité. — Droit de place, 0 fr. 20 par kilo.
24. Verteillac ...	25 novembre, 3e jeudi de déc., 17 janv.	Place publique.	Id.	Id.	Marché peu important pour la vente des truffes.
LOT					
1. Aujols, con de Lalbenque .	10 décembre, 5 février.	Place publique.	Midi.	3 heures du soir.	Marchés assez bien approvisionnés.
2. Cahors	Mercredi et samedi de chaque semaine du commencement de nov. à fin mars. — 3 nov., 1er déc., 3 jan., 1er fév., 1er mars.	Place du Marché.	9 heures du matin.	Midi.	Belles et bonnes truffes du Lot, approvisionnements considérables. — Volailles grasses et foies gras.
3. Casals.......	Marché tous les mardis de nov. à fin mars ; foires les 27 nov., 28 déc., 27 janv., fév. et mars.	Place publique.	Midi.	3 heures du soir.	Marchés ordinaires peu importants, mais le 28 décembre et le 27 janvier ventes de truffes considérables.

NOMS des localités où il existe des marchés aux truffes.	DATES des marchés aux truffes, mois et jours.	NOM de la rue ou de la place où se tient le marché.	HEURES de l'ouverture du marché.	HEURES du la clôture du marché.	RENSEIGNEMENTS sur l'importance des marchés.
4. Catus	23 nov., 17 déc., 13 janv., 6 et 25 févr., 20 mars.	Place publique.	Midi.	3 heures du soir.	Belles truffes du Lot, marchés bien approvisionnés, ventes importantes.
5. Cazillac	Les 8 févr., mars et déc.	Près de la Mairie.	10 heures du matin.	Id.	
6. Concots, c^ne de Limogne	Marché le mercredi de chaque semaine de novembre à fin mars. — 23 novembre, 13 janv.	Id.	Id.	2 heures du soir.	Marchés et foires bien approvisionnés de truffes. — Transactions importantes.
7. Cressenssac	Les 5 nov., déc., janv., févr., mars; tous les mercredis.	Place publique et tous les cafés.	1 heure du soir.	Jusqu'à la nuit.	Excellentes et belles truffes du Lot. — Marché très important.
8. Guzance	Le 7 de chaque mois depuis nov. jusqu'à mars.	Id.	11 heures du matin.	4 heures du soir.	Id.
9. Degagnac	5 janvier, février et mars.	Place publique.	10 heures du matin.	Id.	
10. Espédaillac	4 janvier, 28 novembre.	Id.	Id.	Id.	
11. Figeac	15 janv., févr. et déc.	Près l'église du Chapitre.	Id.	Id.	
12. Gignac	2 et 25 janvier, 25 février, 25 mars.	Place de la Halle.	10 heures du matin.	4 heures du soir.	
13. Gourdon	1er et 25 novembre. — Le samedi après la Toussaint; le samedi après Ste Catherine; 14 décembre, 7 et 29 janvier, 1er vendredi de carême.	Place du Majou. Dans toutes les auberges.	Id.	Id.	Marché très important et bien approvisionné.
14. Hôpital-St-Jean	Tous les lundis de novembre à mars et le 22 des mêmes mois.	Place de l'Église et tous les cafés.	2 heures du soir.	à la nuit.	Marché très important, belles truffes du Lot.
15. Lalbenque	Dernier mardi de janvier, févr., nov. et déc.	Abords de la Halle.	10 heures du matin.	Jusqu'à épuisement de la marchandise.	Marché important.
16. Larnagol	25 novembre.	Près la Mairie.	Id.		Id.
17. Lauzés	5 janv., févr., mars, nov., déc.	Abords de la Mairie.	Id.		Marché peu important.
18. Lavercantière	13 janvier, 13 décembre.	Id.	Id.		Id.
19. Lentillac	20 décembre.	Id.	Id.		Id.
20. Limogne	1er janvier, 1er samedi de févr., de nov. et de déc.	Près de l'Hôtel de ville.	Id.		Marchés très importants pour la vente des truffes.
21. Luzech	1er mardi de janv., févr., nov., déc.	Id.	Id.		Marché peu important.
22. Marcillac	30 nov., 27 déc.	Id.	Id.		Id.

NOMS des localités où il existe des marchés aux truffes.	DATES des marchés aux truffes.	NOM de la rue ou de la place où se tient le marché.	de l'ouverture du marché.	de la clôture du marché.	RENSEIGNEMENTS sur l'importance des marchés.
23. Martel	Toutes les foires de la saison et marché les mercredis et samedis.	Tous les cafés. En face de l'hôtel de la Pyramide.	10 heures du matin.	Jusqu'à épuisement de la marchandise.	Belles et bonnes truffes du Lot, apports considérables. — Volailles grasses, foies d'oies. — Principaux marchés, 4 et 24 décembre, 16 janvier et tous les samedis.
24. Milhac	22 décembre.	Près la Mairie.	Id.		
25. Montcuq	25 janvier, 14 février, 4 et 31 décembre.	Près de l'Hôtel de ville.	Id.		Marché peu important.
26. Nadillac	28 décembre.	Id.	Id.		Id.
27. Peyrilles	29 décembre.	Près la Mairie.	Id.		Id.
28. Payrac	1er jeudi de nov. et déc.	Place publique.	Id.		Marché important.
29. Puy-l'Évêque	1er mercredi de janvier, févr., mars et déc.	Près la Halle.	Id.		Marché peu important.
30. St-Germain	8 et 22 janv., févr., mars, décembre.	Id.	Id.		Id.
31. Saint-Projet	26 janv. et févr., 17 nov., 11 déc.	Près l'Eglise.	Id.		Id.

NOMS des localités où il existe des marchés aux truffes.	DATES des marchés aux truffes.	NOM de la rue ou de la place où se tient le marché.	de l'ouverture du marché.	de la clôture du marché.	RENSEIGNEMENTS sur l'importance des marchés.
32. Salviac	20 janv., févr. et déc.	Près la Halle.	Id.		Marché très important.
33. Sénaillac	30 janv. et 30 déc.	Près la Mairie.	Id.		Marché peu important.
34. Souillac	Tous les vendredis de novembre à fin mars; les 4 et 19 des mêmes mois.	Place de l'Hôtel-de-Ville.	Midi.	2 heures du soir.	Marchés des plus importants du Lot pour la vente des truffes, des volailles grasses et foies d'oies et canards.
35. Uzech-des-Oules	6 décembre.	Près la Mairie.	Id.	Id.	
36. Vigan (Le)	17 déc., 12 janv., 2 févr., 1er mardi de carême.	Place publique.	11 heures du matin.	4 heures du soir.	Marchés importants.
CORRÈZE					
1. Brive	3 et 18 de chaque mois, de novembre à fin mars; 7 janv., mercredi saint. Marché tous les mercredis et vendredis.		11 heures du matin.	3 heures du soir.	Belles et bonnes truffes des confins du Périgord et de la Corrèze. — Marchés importants pour la vente des truffes les 3 et 18 décembre, 3, 7 et 18 janvier, peu importants les autres jours.
2. Turenne	23 nov., 28 déc., 23 janv., jeudi gras.	Place publique.	Id.	Id.	Truffes de bonne qualité, mais marchés d'une importance secondaire comme quantité.

FOIRES DU DÉPARTEMENT DE L'AVEYRON

Alpuech, 11 juin, 6 octobre.

Aubrac, 20 mai, 27 juin, 20 juillet, 20 août, 16 septembre, 3 octobre.

Born, 23 mai, 15 septembre.

Campuac, 3 janvier, lendemain de Quasimodo, lendemain de la Trinité, 18 août, 12 septembre, 2 novembre.

Cantoin, 11 août, 23 septembre, 23 novembre.

Cassuéjouls, lundi de Pâques.

Castelnau-de-Mandailles, 26 avril, 24 mai, 29 novembre, 15 décembre.

Cayrol (Le), 15 avril, 12 septembre.

Cocural (commune d'Huparlac), 15 janvier, 29 avril, 25 juillet, 6 déc.

Curières, jeudi gras, 26 mars, 14 octobre, 20 décembre.

Entraygues, 13 janvier, mercredi des Cendres, lundi de la Passion, 25 avril, 15 mai, 15 juin, 1er août, 15 septembre, 18 octobre, 15 novembre.

Espalion, 22 janvier, lundi gras, mercredi avant les Rameaux, mercredi avant la Pentecôte, 5 juillet, 31 août, 4 octobre, 11 novembre.

Estaing, 1er jeudi de carême, 5 avril, 2 mai, 25 juin, 20 sept., 23 oct., 9 déc.

Fel (Le), 14 novembre.

Florentin, 11 mars, 11 mai, 11 juin.

Gabriac, jeudi gras, 30 avril, 21 mai, 16 août, 18 novembre.

Golinhac, 20 mars, 27 avril.

Huparlac, 11 avril, 10 octobre, 27 décembre.

Lacalm, 1er février, 3 avril, 3 mai, 29 août, 7 octobre, 3 novembre.

Lacroix-Barrez, 24 février, 1er avril, 3 mai, 29 août, 7 octobre, 2 nov.

Laguiole, 19 janvier, mardi gras, samedi qui précède le dimanche de la Passion, 12 avril, 8 août, 23 sept., 25 oct., 25 nov., 29 déc.

Lasbessadès (comm. de Montpeyroux), 13 avr., 13 mai, 13 juin, 13 nov.

Lassouts, samedi après Pâques et 20 novembre.

Mandailles (commune de Castelnau), 12 avril, 17 juin, 28 octobre.

Montézic, 2e lundi de carême, 17 avril, 17 mai, 17 juin, 4 novembre.

Mur-de-Barrez, 20 janvier, deuxième jeudi de carême, 1er et 2 mai, jeudi après la Pentecôte, 10 juillet, 17 août, 30 septembre, lundi avant la Toussaint, 18 novembre, lundi avant Noël.

Murols (commune de Lacroix), 30 mai.

Neyrac (Le), 7 mars, 7 avril, 7 mai, 7 juin, 7 septembre, 9 novembre.

Pierrefiche, 7 mai, 28 octobre.

Pomayrols, 27 août, 13 décembre.

Prades-d'Aubrac, 18 avril, 4 mai, 20 octobre.

Saint-Amans, 14 janvier, 1er mars, avril, mai, juin, 28 octobre.

Saint-Chély, 10 janvier, deuxième mardi de carême, jeudi après la Pentecôte, 22 septembre, 14 novembre.

Saint-Côme, 2 févr., lundi de Quasimodo, 15 mai, 30 juill., 15 oct., 22 déc.

Sainte-Eulalie, 12 mars, 10 mai, 20 juin, 19 septembre, 6 décembre.
Sainte-Geneviève, 10 janv., 22 et 23 avril, 8 mai, 2 juin, 14 sept., 19 nov.
Saint-Geniez, 20 janv., 1er samedi de carême, 27 avril, 18 mai, 11 juin, 15 juill., 26 août, 1er oct., 5 nov., dernier samedi de nov.
Saint-Geniez-des-Ers (commune de Sébrazac), 2e jeudi de carême.
Sébrazac, 2 juin, 5 novembre.
Tesq (commune de Montpeyroux), 24 avril.
Thérondels, 20 avril, 20 juin, 20 octobre, 20 novembre.
Villecomtal, 3 février, samedi des Rameaux, 6 mai, 20 juin, 25 août, 30 octobre, 23 décembre.
Vitarelle (La) (commune de Montpeyroux), 20 mars, 20 avril, 5 septembre, 5 octobre, 5 novembre.

ARRONDISSEMENT DE MILLAU

Aguessac, le 23e jour de carême, 4e jour après Pâques, 5 novembre.
Alrance, 4 janvier, 4 avril, 4 juillet, 4 novembre.
Bertholène, 22 mai, 18 septembre, 4 novembre.
Blaquérerie (La) (commune de la Couvertoirade), 5 et 15 septembre.
Buzeins, lundi après le premier dimanche d'août.
Campagnac, 8 janvier, lundi de Pâques, deuxième lundi de mai, premier lundi de juillet, 6 octobre, 15 novembre.
Castelnau-Pégayroles, 11 mai, 2 novembre.
Cavalerie (La), 23 août, 24 septembre.
Compeyre, 23 janvier, 16 août.
Coussergues, 1er octobre.
Couvertoirade (La), 25 juillet, 28 août.
Cruéjouls, 3 mai, 10 octobre.
Gaillac, 25 juin, 29 décembre.
Hospitalet (L'), 23 août, 4 septembre, 10 octobre.
Laclau (commune de Vezins), 3 mai.
Laissac, 8 janv., 15 févr., 23 avril, 8 juin, 10 août, 25 sept., 15 nov., 13 déc.
Lapanouse-de-Sévérac, 3 février, 1er juillet, 29 août, 28 octobre.
Lavernhe, 6 juin.
Mauriac (commune de Saint-Léons), 20 mai, 22 octobre.
Millau, premier jour de carême, 6 mai, 6 août, 28 octobre, 15 novembre; marché pour les animaux de boucherie tous les mardis.
Montjaux, 15 avril, 16 juin, 22 septembre, 18 novembre.
Mostuéjouls, le lundi qui suit le 29 juin.
Nant, le lundi des Rameaux, 25 avril, 11 juin, 2 novembre.
Peyreleau, 14 mai, 25 septembre, 6 novembre.
Recoules-Prévinquières, 25 janvier, 8 mai, 14 septembre, 25 octobre.
Rivière, le mardi après le dimanche de la Passion.
Roque-Sainte-Marguerite (La), 16 septembre.
Saint-Amans-de-Varès, le lundi après le 2e dimanche de juillet.
Saint-André-de-Vezines, 27 mai.
Saint-Bauzély, 21 janvier, 15 mai, 26 août, 25 octobre.
Saint-Georges-de-Luzençon, 1er mai, 22 novembre.

Saint-Jean-du-Bruel, 7 janvier, le lundi gras, le lundi après le 19 mars, le lundi après le 26 avril, le lundi après le 24 juin, 6 septembre, 6 oct., 4 novembre, 6 décembre.

Saint-Laurent-de-Lévézou, 8 mai, 1er octobre.

Saint-Laurent-d'Olt, 12 avril, 23 novembre, 28 décembre.

Saint-Léons, 10 janvier, 2 juin, 1er août, 12 septembre, 6 octobre.

Saint-Saturnin, 21 mars, 27 mai, 15 octobre, 10 novembre.

Salles-Curan, 13 janv., le 1er mardi de carême, le mercredi après Quasimodo, 25 mai, 23 juin, 22 juillet, 2 septembre, 14 octobre, 7 nov.

Sauclières, 16 mai, 16 août, 5 octobre, 26 novembre.

Ségur, 17 janvier, 2 mai, le lendemain de l'Ascension, 4 octobre.

Sévérac-le-Château, 15 janvier, 6 mars, 25 avril, 18 juin, 27 juillet, 12 août, 18 septembre, 18 octobre, 25 novembre.

Verrières, 20 mai, 25 juin, 25 août.

Veyreau, 7 juin.

Vezins, 14 juin, 27 septembre.

Viala-du-Tarn, 20 mai.

Villefranche-de-Panat, 20 janvier, 16 février, 23 avril, 29 mai, 25 juin, 25 août, 24 septembre, 11 novembre, 22 décembre.

Vimenet, 22 mai, 1er septembre.

ARRONDISSEMENT DE RODEZ

Anglars, 1er janvier.

Arvieu, le lundi de la Sexagésime, le vendredi avant les Rameaux, 14 juin, 30 septembre, 25 novembre.

Auzits, 2 janvier, 30 avril, 9 mai, 22 novembre.

Balzac, 3e lundi de juin, 10 novembre.

Baraque-de-Fraysse (La), 23 janvier, 28 avril, 16 juin, 24 juillet, 26 septembre, 28 octobre, 12 décembre.

Bezonnes, 1er mardi de juin, 15 septembre.

Bournazel, 9 janvier, 13 février, 7 mai, 12 juin, 17 août, 22 septembre.

Bozouls, 1er lundi de carême, lundi de Pâques, 8 mai, 30 sept., 26 oct.

Bruéjouls (commune de Clairvaux), 1er janvier, 23 avril.

Calmont, 25 janvier, 5 mai, 4 octobre, 27 décembre.

Canet, 9 mai, 20 septembre.

Carcenac-Peyralès, 10 mai, 16 juin, 26 octobre, 12 décembre.

Cassagnes-Bégonhès, 29 janvier, 11 avril, 11 mai, 11 juin, 11 juillet, 6 août, 28 septembre, 2 novembre, 26 décembre.

Castelpers, 24 janvier, 24 juin.

Ceignac, 13 juin.

Clairvaux, 4 février, 31 mai, 22 août, 27 septembre, 5 novembre, 29 déc.

Colombiès, 4 janvier, 28 mars, 17 mai, 14 novembre.

Comps-la-Grandville, 23 janvier, 4 mai, 25 juillet, 20 octobre.

Conques, 2 janvier, 22 avril, 16 juin, 20 août, 7 octobre.

Crespin, 1er janvier, 20 avril, 24 juin, 15 septembre, 3 novembre.

Cros, 29 avril, 20 juin, 20 septembre, 27 décembre.

Curlande (commune de Bozouls), 25 juin.

Durenque, 3 févr., 20 mars, 30 avril, 8 juin, 12 août, 11 sept,, 20 oct., 7 déc.

Flavin, 27 janvier, 7 mai.

Goutrens, 20 janvier, 15 mars, 25 juin, 25 août, 12 septembre.

Grandfuel, 19 janvier, 13 mai, 26 septembre.

Grandvabre, 1er mai, 27 juin, 23 juillet, 28 septembre.

Lac (Le), commune de Vors, 15 janvier, 6 mai, 6 juin, 11 août, 16 octobre.

Lacapelle-del-Vern, 16 mai.

Lamothe, 12 janvier, 12 mars, 14 mai, 12 juin, 12 septembre, 18 décembre.

Lédergues, 19 de chaque mois.

Lunel (comm. de Saint-Félix-de-Lunel), 20 mai, 12 juin, 11 août, 3 sept.

Mairan (commune de Belcastel), 12 mai, 19 juin, 27 novembre.

Marcillac, 19 janvier, vendredi gras, 2 mai, 15 juillet, 17 septembre, 18 octobre, 25 novembre, 9 et 29 décembre.

Meljac, 1er janvier, 1er mai.

Moyrazès, 20 janvier, 2 mai, 14 septembre.

Naucelle, 28 de chaque mois.

Nauviale, 18 février, mercredi après Quasimodo, 29 août.

Navech (Le), 9 janvier, lundi de la Pentecôte, 1er septembre.

Noailhac, 1er juin, 4 décembre.

Pas (Le) (commune de Druelle), 10 janvier, lundi de la Trinité, 25 oct.

Pont-de-Cirou (commune de Crespin), 15 janvier, jeudi avant les Rameaux, 22 mai, 22 juillet, 3 septembre, 25 octobre.

Pont-de-Salars, 1er février, jeudi avant les Rameaux, 15 mai, 10 juin, 16 août, 25 octobre, 15 décembre. Marché tous les lundis de mai et de juin, pour l'espèce ovine et les animaux de boucherie.

Pradinas, 16 janvier, 2o mardi de carême, 18 avril, 27 mai, 18 juin, 27 septembre, 18 novembre, 20 décembre.

Pruines, 11 mai, 3 août, 15 décembre.

Puech (Le) (commune de Cassagnes-Comtaux), 1er mai.

Réquista, 7 juin et le 8 des autres mois.

Rignac, 14 mai et le 7 des autres mois.

Rodez, 1er lundi après la mi-carême, 30 juin, 9 sept., 1er déc. Foire pour les animaux de boucherie, les chevaux et les cuirs, le 1er samedi de chaque mois ; marché d'approvisionnement pour les animaux de boucherie, le 3e samedi de déc., janvier, février, mars, avril et mai.

Rulhe (commune d'Auzits), 9 janvier, 13 octobre.

Saint-Christophe, 14 janvier, 27 mai, 2 septembre, 15 novembre.

Saint-Cyprien-sur-Dourdou, 14 sept., et le 9 de chacun des autres mois.

Saint-Félix (commune d'Anglars), 1er avril, 20 novembre.

Saint-Félix-de-Lunel, 28 janvier, lundi de Pâques, 5 juin.

Saint-Jean-Delnous, 5 janvier, 5 février, 29 avril, 5 juin.

Saint-Julien (commune de Rodelle), 28 juin, 8 novembre.

Saint-Just, 16 mai, 29 novembre.

Salles-la-Source, 17 janvier, 18 juin.

Salmiech, 11 janv., 14 févr., 26 avril, 22 mai, 22 juin, 17 août, 17 oct., 15 nov.

Salvetat (La), 8 et 24 janvier, 17 août et le 8 des autres mois.

Sauveterre, mardi avant la mi-carême, 27 septembre, 26 novembre, 26 décembre et le 17 de chacun des autres mois.

Selve (La), 17 janvier, 6 avril, 4 mai, 1ᵉʳ juin, 6 octobre, 17 décembre.
Sénergues, 5 février, 15 mars, 10 avril, 10 mai, 20 décembre.
Taurines (commune de Centrès), 15 mai, 15 septembre.
Tayrac, 1ᵉʳ février, 15 avril, 5 juin, 20 août, 5 octobre, 15 décembre.
Trémouilles, 18 janvier, 13 mai, 26 juin, 18 octobre.
Valady, 25 janvier, 15 juin, 5 novembre.
Vibal (Le), 24 avril, 26 septembre, 13 octobre, 14 décembre.

ARRONDISSEMENT DE SAINT-AFFRIQUE

Belmont, le 13 de chaque mois.
Brasc, 20 février, 16 avril, 24 juin, 20 octobre, 20 décembre.
Broquiès, 4 février, 6 mai, 13 juin, le lundi après le 14 septembre, 18 octobre, 13 décembre.
Brousse, 13 janvier, 2 mars, 14 mai, 23 novembre.
Brusque, 12 janvier, le surlendemain de la Pentecôte, le lundi après le 25 juillet, 4 octobre, 14 novembre.
Camarès, le 18 de chaque mois.
Clapier (Le), 29 avril et 22 août.
Combret, 1ᵉʳ mars, 1ᵉʳ juin, 1ᵉʳ septembre, 1ᵉʳ et 28 décembre.
Cornus, 14 mai, 19 septembre, 12 octobre, 24 novembre.
Costes-Gozon (Les), 11 mai.
Coupiac, 6 mars, 6 avril, 6 juin, 6 octobre, 6 décembre.
Farret (commune de Saint-Juéry), 10 janvier, 13 avril.
Faveyrolles, 17 janvier, 27 avril.
Fayet, 2 mai, 9 octobre, 30 décembre.
Laroque (commune de Fayet), 15 mars, 20 octobre.
Laval-Roquecezière, 11 janvier, 13 mai, 18 juin, 28 septembre, 12 oct.
Lestrade (commune de Thouels), 2 janvier, 10 février, 13 mai, 1ᵉʳ sept.
Martrin, 16 février, 17 avril, 16 août, 16 septembre, 16 novembre.
Mélagues, 15 avril, 15 juillet.
Melvieu, 10 avril, le lundi après le 14 novembre.
Montagnol, 25 juin, 4 novembre.
Montclar, 15 janvier, 15 mars, 1ᵉʳ mai, 6 septembre, 25 novembre.
Montfranc, 1ᵉʳ avril, 2 mai, 9 juin, 22 septembre.
Montlaur, 8 mai.
Montpaon, 23 avril, 29 septembre.
Murasson, 7 janvier, 25 mai, 7 juillet, 1ᵉʳ octobre.
Plaisance, 25 janvier, 26 avril, 1ᵉʳ août, 26 octobre.
Pousthomy, 20 décembre.
Rebourguil, 27 février, 20 mai.
Roquefort, 4 et 18 octobre, 2 novembre.
Saint-Affrique, 6 février, 24 mars, 4 mai, 16 juin, 1ᵉʳ samedi d'août, 14 septembre, 3 novembre, 9 décembre.
Saint-Baulize, 26 mai.
Sainte-Eulalie-de-Cernon, 9 avril, 3 mai, 9 août, 4 septembre.
Saint-Félix, 1ᵉʳ avril, 17 mai, 9 septembre, 1ᵉʳ décembre.
Saint-Izaire, 22 février, 28 avril, 3 août.

Saint-Jean-d'Alcapiès, 1er mars, 30 août.
Saint-Pierre-des-Cats, 11 septembre.
Saint-Rome-de-Cernon, 5 janvier, 5 mars, 29 avril, 1er septembre.
Saint-Rome-de-Tarn, 17 janvier, 1er mars, le lundi de Quasimodo,
    13 mai, 1er juillet, 11 août, 27 septembre, 25 novembre, 17 décembre.
Saint-Sernin, le 11 de chaque mois.
Saint-Sever, 16 janvier, 30 avril, 25 juin, 4 novembre.
Saint-Victor, 18 mai, 4 décembre.
Tournemire, 26 mars, 28 août.
Truel (Le), 4 février, 16 mai, 15 septembre, 20 octobre, 15 décembre.
Vabres, 7 janvier, 20 avril, 16 mai, 20 septembre, 16 novembre.
Viala-du-Pas-de-Jaux, 27 avril, 2 septembre.

ARRONDISSEMENT DE VILLEFRANCHE

Agrès (commune de Saint-Parthem), 25 novembre.
Albres (Les), 10 octobre.
Almon, 18 mai.
Asprières, 23 de chaque mois.
Aubin, 17 janvier et le 5 de tous les autres mois. Marché aux grains le
    lundi et le vendredi de chaque semaine et les jours de foire.
Bastide-l'Évêque (La), samedi des Rameaux, 15 mai, 14 sept., 15 déc.
Bez (Le) (commune de Naussac), 18 janvier, 18 mai, 18 septembre.
Bor-et-Bar, 26 janvier, mercredi avant les Rameaux, 27 avril, 25 mai,
    1er décembre.
Bouillac, 17 juin, 7 novembre.
Capdenac-Gare, le 6 de chaque mois.
Capelle-Balaguier (La), 30 janvier, 30 mai, 8 septembre.
Claunhac (commune de Salles-Courbatiers), 12 janvier, 12 mai, 13 juin,
    12 août, 4 décembre.
Compolibat, 10 juin, 27 septembre, 17 décembre.
Cransac, 11 janvier, 11 mai, 1er samedi de juillet, 27 août, 28 novembre.
Decazeville, lundi après le dernier dimanche de chaque mois. Foire aux
    chevaux aux mois de mai et de septembre.
Drulhe, 18 octobre, 27 décembre.
Firmi, mercredi de Pâques, jeudi après la Pentecôte, 8 août, 6 et 27 déc.
Flagnac, 20 janvier, 6 mai, 20 juin, 22 août, 21 novembre.
Foissac, 4 janvier, mercredi des Cendres, 7 avril, 20 mai, 25 juin, 27 juil-
    let, 22 août, 9 septembre, 4 octobre, 16 novembre, 11 décembre.
Fouillade (La), 23 juin, et le 28 des autres mois excepté de décembre.
Galgan, 27 juin.
Gua (Le) (commune d'Aubin), l'avant-dernier lundi des mois de février,
    avril, juin, août, octobre, décembre.
Lanuéjouls (comm. de Privezac), 14 janv., 18 février, 18 mars, 12 avril,
    18 mai, 18 juin, 6 juillet, 18 août, 11 sept., 23 oct., 18 nov., 18 déc.
Livinhac-le-Haut, 13 mai, 18 novembre.
Loupiac, 9 janvier, mars, mai, juillet, septembre et novembre.

Lunac, le 13 de chaque mois, 6 mai, 25 juin, 30 septembre, 28 décembre.
Maleville, 19 janvier, 6 mai, 6 juin, 6 septembre, 4 novembre, 13 déc.
Marmont (commune de Morlhon), 8 janvier, 1er mai.
Martiel, 12 février, 12 avril, 16 mai, 12 juin, 12 août, 12 octobre, 12 déc.
Mémer, 12 janvier, 12 mars, 12 mai, 12 juillet, 12 septembre, 12 nov.
Montbazens, 4 janvier, et le 16 des autres mois.
Monteils, 6 janv., 22 févr., 6 mars, 7 mai, 6 juillet, 6 sept., 2 nov.
Montsalès, 7 janv., mardi de Quasimodo, 19 juin, 18 août, 7 nov., 7 déc.
Najac, 4 janvier, février, mars, juillet, 4 et 24 août, 4 septembre, octo-
    bre, novembre, 4 et 6 décembre, lundi de la Passion, des Rameaux,
    de Quasimodo et de la Pentecôte. Marché le samedi.
Naussac, 6 juin.
Peyrusse, 1er lundi de carême, jeudi après Pâques, 2 mai, 13 septem-
    bre, 11 novembre, 19 décembre.
Prévinquières, 2 janvier, 21 avril, 2 juin, 25 octobre.
Rieupeyroux, 18 janv., lundi gras, mercr. avant la mi-carême, 25 avril,
    20 mai, 20 juin, 4 et 30 juillet, 28 août, 2 octobre, 5 et 21 nov., 30 déc.
Roussennac, 24 janvier, 4 mai, 16 septembre, 14 décembre.
Saint-André, 17 janvier, février, mars, 17 avril, mai, 4 juin, 17 août,
    septembre et octobre, 18 novembre, 17 décembre.
Sainte-Croix, 4 janvier, 4 mai, veille de la Fête-Dieu, 14 septembre.
Saint-Julien-d'Empare (comm. de Capdenac-Gare), 1er février, 2 sept.
Saint-Parthem, 16 mai.
Saint-Salvadou, 16 janvier, mardi avant la Fête-Dieu, 20 octobre.
Saint-Santin, 2 février, 10 avril, 2 juin, 23 novembre.
Salvagnac-Cajarc, 8, 18, 24 mai, 18, 27, 28 novembre.
Salvagnac-Saint-Loup (à Gilles), 4 juin.
Sanvensa, 20 janvier, lundi de Pâques, 9 mai, 17 novembre.
Vabre, 3 janvier, 3 février, 3 mars, mardi avant les Rameaux, 3 mai,
    3 septembre, 3 octobre, 3 novembre, 3 décembre.
Vailhourles, 6 février, avril, juin, août, octobre et décembre.
Vaureilles, 2e lundi de carême, 27 avril, 22 juin, 4 août, 18 oct., 10 déc.
Vialarets (commune de Decazeville), 10 août, 9 septembre.
Villefranche, le 22 de chaque mois.
Villeneuve, 1er de chaque mois.
Viviez, 20 janvier, 20 février, 3e lundi de carême, 20 novembre, 20 dé-
    cembre.

FOIRES DU DÉPARTEMENT DE LA CORRÈZE

ARRONDISSEMENT DE BRIVE

Alassac, 28 de chaque mois, sauf nov. et déc., 2 janv., 2 sept., 25 nov.,
    samedi avant le mardi gras. Marché le lundi et le jeudi.
Albignac, 22 mai.

Arnac-Pompadour, 14 de chaque mois, sauf juillet le 15 ; lundi des Rameaux, 5 septembre. Marché le samedi.

Aubasine, 5 janvier, 9 février, 8 mars, 23 avril, 16 mai, 8 juin, 8 juillet, août, septembre, octobre, novembre, décembre. Marché le dimanche.

Ayen, 1er samedi de chaque mois, 15 mars, 15 avril. Marché le samedi.

Beaulieu, mardi après les Rois, 19 janvier, 1er samedi de février, carême, mars, 26 mars, 1er mercredi et 30 avril, 19 mai, 1er samedi et 19 juin, juillet, août, veille du 1er dimanche de septembre (foire aux chevaux) (corps-saints), 19 septembre, 1er samedi et 19 octobre, novembre et décembre. Marché le mercredi et le samedi. Les foires tombant le dimanche se tiennent la veille.

Belveyre (commune de Nespouls), 9 février, 10 mai, 9 et 20 juin, 9 août, décembre, et le mercredi de Pâques.

Beynat, 20 janvier, 22 février, 11 mars, avril, 1er mai, 7 juin, 1er juillet, août, 22 septembre, 16 octobre, 16 nov., 9 déc. Marché le jeudi.

Brignac, 4e samedi de chaque mois, sauf celles de Pâques, Pentecôte et fête patronale, qui se tiennent le lundi après.

Brive, 3 et 18 de chaque mois, 7 janvier, mercredi saint, 12 juin. Marché lundi et vendredi.

Brivezac, 16 janvier, février, mars, novembre.

Collonges, 6 janvier, mars, avril, novembre. Marché le lundi.

Curemonte, 15 janvier, 20 avril, 25 des autres mois, samedi avant le mardi gras. Marché le lundi.

Dampniat, 27 janvier, 16 août, 27 octobre, 27 décembre.

Donzenac, 10 de chaque mois, samedi gras, 29 septembre, 30 novembre, 1er et 25 décembre. Marché le jeudi et le dimanche.

Jugeals (Nazareth), 11 mars, 30 juin, 11 septembre, 13 nov., 11 déc.

Juillac, 1er vendredi de chaque mois, 22 janvier, février, 20 mars, 22 avril, 29 mai, 22 juin, 27 juillet, 22 août et septembre, 25 octobre, 23 novembre, vendredi avant Noël. Marché le vendredi.

Lanteuil, 24 de chaque mois.

Larche, 13 janvier, 5 février, 20 mars, 26 avril, 25 mai, 15 juin, 1er juillet, août, septembre, 9 octobre, 6 nov. et 6 déc. Marché le mercredi.

Lissac, 15 janvier, 15 mai, 2 novembre.

Lostanges, 16 août.

Lubersac, 1er mercredi de chaque mois, mercredi avant le mardi-gras, 20 juin. Marché le mercredi et le samedi.

Meyssac, 14 et 29 de chaque mois. Marché le mardi.

Noaille, 1er samedi de chaque mois.

Objat, 1er mardi et 21 de chaque mois, mardi avant le mardi gras. Marché le samedi.

Pêcher (Le), commune de Sérilhac, 12 janvier, 5 février, 20 mars, 28 avril, 7 mai, 26 juin, 17 août, 13 octobre, 16 novembre, 28 décembre, mercredi de Pâques.

Perpezac-le-Noir, 19 de chaque mois.

Puy-d'Arnac, 14 avril, novembre.

Sadroc-et-Saint-Pardoux-l'Ortigier (Le Gauliat), 3 janvier, 15 mars, mai, septembre, novembre, lundi après le 1er août.

Saillant (Le), commune de Voutezac, 20 janvier, 3 et 24 février, 3 mai, 6 novembre, 22 décembre.

Saint-Bonnet-l'Enfantier, 31 janvier, mars, mai, août, octobre, déc.

Saint-Bonnet-la-Rivière, 15 janvier, 9 juin.

Saint-Cyr-Laroche, 1ᵉʳ mardi de févr., avril, juin, août, oct., 7 sept.

Sainte-Féréole, 21 janvier, 27 février, 13 mars, avril, 8 mai, lundi après le 19 septembre.

Saint-Julien-Vendômois, 1ᵉʳ mardi de janvier, février, mars, avril, novembre et décembre.

Saint-Robert, 4ᵉ lundi de janvier, février, mars, avril, mai, septembre, octobre et novembre, 9 décembre.

Saint-Viance, 27 de chaque mois, moins août le 23.

Ségur, 25 janvier, 19 mai, 11 juin, 25 juillet, 30 août, 30 septembre, 29 octobre, 1ᵉʳ et 28 décembre, 1ᵉʳ jeudi de carême, jeudi de la mi-carême et jeudi de Pâques.

Troche, 9 janvier, février, mars, avril, mai, septembre, nov. et déc.

Turenne, 23 janvier, 12 mars, 6 et 28 mai, 15 et 27 juin, 28 juillet, 22 août, 30 septembre, 25 octobre, novembre, 28 décembre, jeudi gras et jeudi avant les Rameaux. Marché le jeudi.

Varetz, 5 janvier, février, mars, juillet, septembre, novembre, lundi après le 21 mai.

Venarsal, 4 janvier, 4 mai, 6 novembre.

Vigeois, 20 janvier, 8 (grasse) et 23 février, 23 mars, avril, mai, juin, juillet, août, sept., oct., 2 et 23 nov., 13 et 23 déc. Marché le vendredi.

Vignols, 27 de chaque mois.

Voutezac, 12 de chaque mois, samedi après le 25 juillet, à moins que le 25 ne soit le samedi.

Yssandon, 2ᵉ samedi de mars, avril, mai, juin, juillet, août.

ARRONDISSEMENT DE TULLE

Albussac, 18 mars et 18 septembre.

Argentat, le 6 de chaque mois, le jeudi gras, mardi après Quasimodo, 21 janvier, mars, mai, 3ᵉ samedi de septembre, 21 octobre et décembre, le 1ᵉʳ décembre. Marché le lundi et le jeudi.

Auriac, 1ᵉʳ février, 8 mars, 2 décembre.

Bar (à Vimbelle), 12 mai, 12 août et 12 décembre.

Bassignac-le-Haut, 4 janvier, 4 février, 10 mars.

Bassignac-le-Bas (à Lauvergnassou), 26 septembre.

Celle (La), 27 de chaque mois.

Chamberet, 9 janvier, février, mars, avril, 2 mai, 11 juin, 9 août, septembre, novembre, décembre.

Chamboulive, le 1ᵉʳ février, le 8 des autres mois.

Chameyrat, 21 avril, 4 août, 28 décembre.

Chanac, 4 janvier, 15 juin.

Chanteix, 28 janvier, mai, septembre.

Chapelle-Saint-Géraud (La), 12 janvier, 20 février, mars, samedi après Pâques, 15 mai, 10 juin, 24 août, 12 sept., 20 oct., nov., 16 déc.

Clergoux-Sédières, 11 février, mars, 23 avril, 11 mai, juillet, août, septembre, octobre, novembre, décembre.

Cornil, 4 janvier, 1er jour de carême, 8 avril, 23 mai, 27 août, 1er lundi après le 27 septembre.

Corrèze, les 20 de chaque mois (excepté juillet et décembre), les 9 janvier, 9 juin, 18 juillet, 10 octobre, 22 décembre, 2e lundi de carême et le lundi avant les Rameaux.

Darazac, 20 janvier, 20 mars, 1er mai.

Egletons, 18 janvier, 22 février, 18 avril, 29 mai, 17 juin, 1er et 20 juill., 22 août, 9 et 26 septembre, 18 octobre, 6 et 17 novembre, le lundi après la mi-carême, le jeudi avant les Rameaux, le lundi de Quasimodo, 2e lundi de mai, 1er lundi de décembre. Marché le lundi.

Eyburie (Puy-de-Sagnes), 10 de chaque mois.

Eyrein, 6 janvier, 12 avril, 6 mai, 12 juin, septembre et octobre.

Forgès, 10 janvier, mars, 25 mai, 10 août, 11 septembre, 10 oct. et déc.

Gimel, 7 janvier, avril, juillet, octobre.

Goulles, dern. jour de févr., 26 avril, 22 juin, 31 août, 26 oct. et 31 déc.

Gros-Chastang (à la Bitarelle), 3 janvier, avril, septembre, novembre.

Haute-Brousse (Saint-Privat), le lendemain des Rois, mercredi de Pâques, 1er juillet.

Haute-Fage, 2 mars, 10 mai, 9 septembre, 8 décembre.

Lafage, 20 janvier, 7 février, 7 mars, 20 avril, 7 mai, 25 juin, 13 août, 20 septembre, 7 octobre, 7 novembre et 10 décembre.

Lagarde, 2 janvier, 25 février, 26 mars, 25 avril, 13 mai, 11 juillet, 4 août, 4 septembre et 3 octobre.

Lagraulière, 13 janvier, 5 février, 9 avril, 3 mai, 9 juin, 2 juillet, 1er et 6 août, 1er et 15 septembre, 11 novembre, 22 décembre, et le lundi après la mi-carême.

Laguenne, 13 février, avril, 17 juin, 13 août, octobre, décembre.

Lapleau, les 10 janv., févr., 19 mars, 19 mai, 6 juin, 10 août, 19 oct., déc.

Laroche-Canillac, 13 janvier, 22 février, mars, avril, mai, août, septembre, octobre, 25 novembre, 22 décembre.

Latronche, 9 mai, 18 décembre.

Lonzac (Le), le 15 de chaque mois, excepté août et septembre, où elles ont lieu le 17. Marché le jeudi.

Masseret, le 12 de chaque mois, 26 février, 29 août, 26 novembre. Marché le mardi.

Meilhards, le 1er lundi de chaque mois.

Ménoire, 8 février, 27 avril, 9 octobre.

Mercœur, 3 janvier, 10 mars, avril, 24 mai, 10 juillet.

Monceaux, 24 janvier, mars, mai, juillet, septembre, novembre, 26 déc., le lendemain de l'Ascension.

Naves, 9 mars, 21 mai, 9 novembre, décembre.

Neuville, 8 mars, 10 mai, 8 septembre.

Rilhac-Xaintrie, 30 janvier, 1er mars, 20 avril, 23 mai, 7 juin, 4 nov. et 17 décembre.

Saint-Augustin, 5 janvier, avril, mai, juin, octobre, septembre, 30 déc.

Saint-Bonnet-Elvert, 12 avril, 25 octobre.

Saint-Chamand, 12 février, le lundi de Pâques, 12 juin, novembre.
Saint-Cirgues, 2 janvier, 8 février, 29 mars, 18 mai, 29 novembre.
Saint-Clément, 6 janvier, mars, mai, juin, décembre, 26 août, mercredi après la mi-carême.
Sainte-Fortunade, 22 octobre, 22 décembre.
Saint-Germain-les-Vergnes, 14 janvier, 5 mars, mai, novembre.
Saint-Hilaire-Foissac, 16 avril, octobre.
Saint-Hilaire-Peyroux, 11 janvier, le jeudi avant le mardi gras, le mardi avant les Rameaux, 9 et 26 mai, 22 juin, 24 août, 11 décembre.
Saint-Hippolyte (à Montaignac), 4 janvier, février, avril, juin, août, oct.
Saint-Jal, 19 janvier, 16 mai, 18 septembre.
Saint-Julien-aux-Bois, 25 janvier, février, mars, octobre, nov. et déc.
Saint-Martial-de-Gimel, au chef-lieu, 8 janvier, le lundi de Pâques, 5 et 19 juin, 16 septembre, novembre, 6 décembre ; au Châtaignier, le jeudi de Pâques, 16 septembre et 6 décembre.
Saint-Martin-la-Méanne, le 28 de chaque mois.
Saint-Merd-de-Lapleau, 5 janvier, février, 25 mars, 2 mai, 9 juin, 5 août, 10 novembre.
Saint-Mexant, 6 janvier, 16 mai, 14 septembre, 16 novembre.
Saint-Paul, 8 mars, juin, septembre, 26 décembre.
Saint-Privat, le 15 de chaque mois. Marché le mardi.
Saint-Salvadour, 22 janvier, 13 avril, juin, novembre.
Saint-Sylvain, 20 février, août.
Saint-Ybard, 11 de chaque mois.
Saint-Yrieix-le-Déjalat, 21 avril, 18 mai, 31 août, 29 octobre.
Salons-la-Tour, 28 janvier, février, mars, mai, sept., oct., nov., déc.
Sarran, 13 janvier, mai, août, octobre.
Seilhac, 25 janv., fév., mars, le mercr. de Pâques, 25 avril, juin, juillet, août, 9 et 25 sept., 25 oct., nov., 10 et 25 déc. Marché le lundi.
Servières, les 29 octobre et 9 décembre.
Sexcles, 13 mars, 13 novembre.
Soursac, 10 février, 23 avril, 16 mai, 5 juin, 12 août, 16 novembre.
Treignac, le 1er mardi de chaque mois, 22 janvier, le vendredi avant les Rameaux, 22 mai, le vendredi avant la Saint-Jean. Marché le mardi et le vendredi.
Tulle, 17 et 18 janvier, 1er et 2 juin, 13 et 30 des autres mois, sauf les 14 janvier et 30 mai ; celle de fin février se tient le dernier jour du mois. Marché le mercredi et le samedi.
Uzerche, 23 janvier, 20 février, mars, avril, mai, 21 juin, 20 juillet, août, septembre, 3 et 20 octobre, 20 novembre et décembre. Marché le mercredi et le samedi.

ARRONDISSEMENT D'USSEL

Bonnefond, 13 avril, mai, juin, août, septembre, octobre.
Bort, 7 janvier, 5 mai, 6 juin, 7 juillet, 12 août, 21 septembre, 25 oct., 4 déc., le lundi après la Sainte-Croix, le 1er vendredi de carême, jeudi de la mi-carême, mercredi saint. Marché le lundi et le vendredi.

Bugeat, le 8 de chaque mois, 24 janvier, 25 juin et septembre, 24 oct.

Combressol, 6 janvier, 8 février, 21 mars, 25 avril, 22 mai, 22 juin, 17 août, 5 septembre, 6 octobre et 8 novembre.

Eygurande, 16 janvier, 12 février, 10 mars, 27 avril, 18 mai, 2 et 25 juin, 10 juillet, 8 août, 7 et 24 septembre, 24 octobre, 24 novembre, 16 et 30 déc., mardi avant le mardi gras et le mardi saint. Marché le lundi.

Lamazière-Basse, 17 janvier, avril, 27 mai, jeudi avant la Saint-Barthélemy, 15 novembre et décembre.

Liginiac, 4 et 18 janvier, 18 mars, avril, mai, juin, sept., déc., jeudi avant le dimanche après la Saint-Barthélemy, 17 octobre, 28 nov.

Margerides, 2 janvier, 10 avril, 1er juin, 8 septembre.

Meymac, 20 janvier, 6 et 25 mai, 11 et 24 juin, 7 et 26 août, 12 septembre, 1er et 15 octobre, 3 et 15 nov., 1er, 3e et 5e jeudi de carême, mardi saint, veille de Quasimodo, 1er jeudi de l'Avent. Marché le jeudi.

Millevaches, 12 mai, juin, 15 septembre, 12 octobre.

Neuvic, 22 avril, 1er, 11, 21 et 30 mai, 15 juin, 4 et 31 août, 27 septembre, 19 novembre, les 1er, 3e et 5e mercredis de carême, le mercredi de Pâques, l'octave de la Saint-Jean, le mercredi après la Saint-André. Marché le mercredi.

Palisse, 13 mai, jeudi avant le 30 juin, 12 octobre, 13 décembre.

Pérols (Les), 3e mercredi de janvier, mars, mai, septembre, octobre et novembre.

Peyrelevade, le 5 de chaque mois. Marché le dimanche.

Port-Dieu, le 27 de chaque mois.

Saint-Angel, mardi avant les Rois, lundi gras, 1er mardi de mars, 11 avril, 15 mai, 4 juin, 18 août, 1er samedi de septembre, 24 septembre, 29 octobre, 17 novembre, 2e mardi de décembre.

Saint-Bonnet-près-Bort, lundi de Pâques, 20 décembre, 1er février, mars, juin, septembre.

Saint-Etienne-aux-Clos, 9 mars, 11 avril, juin, 6 septembre, 11 octobre, 2 décembre.

Saint-Exupéry, 15 janvier, 17 mars, 23 avril, 17 mai, 23 juin, 14 août, 4 et 20 octobre.

Saint-Merd-les-Oussines, 28 janvier, avril, mai, juin, août, septembre et 21 octobre.

Saint-Pardoux-le-Vieux, 19 mai, samedi après le dimanche où l'on fête sainte Radegonde.

Saint-Remy, 25 mars, 14 mai, 15 juin, 24 août, veille du 1er dimanche d'octobre, 8 novembre.

Saint-Setiers, 10 avril, mai, juin, septembre, octobre, 7 novembre.

Serandon, 19 janvier, 24 mai, jeudi avant sainte Radegonde, 22 octobre, 17 novembre, 19 décembre.

Sornac, 2 janvier, 1er lundi de février, 18 mars, avril, mai, juin, juillet, octobre, décembre, lundi avant la Saint-Roch, 1er lundi de septembre, 10 novembre.

Tarnac, 23 janvier, février, mars, mai, juin, septembre, octobre, novembre, 1er septembre.

Thalamy, 14 avril, mai, juin, décembre.

Ussel, 10 janvier, 4 mai, 5 juillet, 10 et 29 août, 21 septembre, 19 octobre, 12 novembre, lundi avant le lundi gras, mercredi de la mi-carême, veille des Rameaux, mercredi de Quasimodo, veille de la Pentecôte, 2e samedi après la Pentecôte, le lundi après saint André. Marché le mercredi et le samedi.

FOIRES DU DÉPARTEMENT DE LA DORDOGNE

ARRONDISSEMENT DE BERGERAC

Alles, 15 mai et 3e lundi de novembre.

Badefols, 22 janvier, 29 octobre.

Beaumont, 1er mardi de janvier, d'avril et de juin, 3 février, 2e mardi de mars, 2 mai, 22 juillet, 11 août (3 j.), 14 septembre, 26 octobre, 19 novembre, 10 décembre.

Beauregard, 17 janvier et août, 9 septembre. Marchés-foires le 3e jeudi de chaque mois.

Bergerac, lundi de Pâques (8 j.), 1er et 3e mercredi de chaque mois, 11 novembre (8 j.).

Biron, 25 février, 2e mardi d'avril, 3e mercredi d'octobre, 28 décembre.

Boisse, 7 janvier.

Bosset, 1er mardi de février, mars, avril, mai et septembre.

Bouillac, 22 mars et 12 septembre.

Bouniagues, 25 janvier, 1er mars, 3 avril, 1er mai, 8 juin, 1er lundi de juillet, 8 août, 19 septembre, 22 novembre.

Buisson-de-Cabans, 2e vendredi de chaque mois. Marché le vendredi.

Cadouin, 17 janvier, lundi gras, 3e lundi après Pâques, mercredi après la Pentecôte, 3e lundi de juillet, 2e lundi d'août, 8 et 9 septembre, 1er vendredi d'octobre, 2 novembre, 4 décembre.

Cause-de-Clérans, 24 août, 3 novembre, 22 décembre, 2e mercredi de chaque mois.

Eymet, 13 janvier, jour des Cendres, jeudi saint, 29 avril, 20 mai, 26 juillet, 24 août, 17 septembre, 25 novembre (3 j.).

Faux, le 16 de chaque mois, 28 septembre.

Flaix (Le), 3e vendredi de chaque mois.

Gardonne, 2e mercredi de chaque mois.

Issac, 2e mardi de février, mai, août et décembre.

Issigeac, 15 janvier, 22 février, 4e mercredi de mars, 14 avril, 10 mai, 2e mercredi de juin, 4 juillet, 3 août, 2 septembre, 4 octobre, 6 novembre, 13 décembre.

Laforce, 1er jeudi de chaque mois.

Lalinde, jeudi gras, veille des Rameaux, 1er décembre, 4e vendredi de chaque mois.

Lamonzie-Montastuc, 16 août.

Lamonzie-Saint-Martin, dernier mardi de chaque mois.

Lanquais, 30 de chaque mois, dernier février.

Limeuil, 19 mai, 1ᵉʳ août, 23 novembre.
Maurens, 4ᵉ mardi de mars, mai, août et novembre.
Molière, 1ᵉʳ mercredi de chaque mois, 24 juin, 16 août.
Montferrand, 23 janvier, 24 mai, 27 juillet, 19 octobre, 27 décembre.
Montpazier, 7 janvier, 1ᵉʳ jeudi de carême, 20 mars, 1ᵉʳ jeudi d'avril,
  mercredi des Rogations, 6 mai, veille de la Fête-Dieu, 8 juillet (3 j.),
  6 août, 22 septembre, 1ᵉʳ jeudi d'octobre, 18 novembre, 2ᵉ jeudi de dé-
  cembre.
Mouleydier, 4ᵉ mercredi de janvier, avril, juillet et octobre.
Pressignac, 19 janvier, avril, juillet et septembre.
Puiguilhem, 1ᵉʳ janvier, 19 mars, lundi de Pâques, 25 avril, lundi de
  Pentecôte, 21 juin, 10 août, 21 septembre.
Roquepine-Sainte-Radegonde, 25 novembre.
Saint-Alvère, 17 janvier, 10 novembre, 20 décembre, 1ᵉʳ lundi de chaque
  mois.
Saint-Avid-Sénieur, 28 février, mars, avril, mai, juin, juillet, août,
  25 septembre, octobre.
Saint-Capraise-de-Lalande, 24 juin.
Sainte-Foy-de-Longas, 4ᵉ mardi de janvier, mars, mai, juillet, sep-
  tembre et novembre.
Saint-Georges-de-Monclard, 2 janvier, 11 juin, 25 novembre.
Saint-Géraud-de-Corps, lundi de Pâques, 16 août.
Saint-Méard-de-Curçon, 3ᵉ jeudi de chaque mois, 1ᵉʳ lundi de mars et
  après le 1ᵉʳ dimanche de septembre.
Saint-Pierre-d'Eyraud, 1ᵉʳ lundi de chaque mois.
Saint-Vivien 4ᵉ jeudi de mars et de septembre, lendemain de la Trinité.
Saussignac, 3ᵉ mardi de chaque mois.
Sigoulès, 6 janvier, 2 février, 25 mars, 5 mai, 30 juin, 24 juillet, 16 août,
  3 septembre, 8 octobre et 2 novembre.
Trémolat, 2ᵉ mardi de mars, mai, juillet, septembre, octobre et dé-
  cembre.
Villamblard, dernier lundi de janvier, juillet, septembre et décembre.
Villefranche, 1ᵉʳ mardi de chaque mois, 16 août.

ARRONDISSEMENT DE NONTRON

Abjat, dernier mardi de janvier, février, mars, avril, mai, juin, juillet,
  août, septembre, octobre, décembre, 1ᵉʳ lundi de décembre.
Angoisse, dernier lundi de janvier, 13 août.
Augignac, 3ᵉ mardi de janvier, avril, septembre.
Beaussac, lundi de Pâques, 28 novembre.
Boulonneix (à La Gonterie), 15 mars, 15 juin, 15 septembre.
Bussière-Badil, 25 de chaque mois.
Busserolles, 2 janvier, 17 de chaque mois.
Chameaux, 22 mai, 16 août.
Champagnac-de-Bélair, 1ᵉʳ lundi de chaque mois.
Champniers, 17 janvier, jeudi des Rameaux.
Chapelle-Montmoreau (La), 17 juin.

Condat, 28 avril et juillet.

Coquille (La), 1ᵉʳ jeudi de janvier, février, mars, avril, mai, juin, juillet, octobre, novembre, décembre, 9 août, 13 septembre.

Corgnac, mardi de Pâques, 14 septembre, sainte Croix.

Dussac, dernier mardi de janvier, 3ᵉ mardi d'avril, 1ᵉʳ mercredi d'octobre.

Graulges, 22 mars, juillet, novembre.

Hautefaye, 17 avril, 11 et 16 août, 6 octobre, 22 décembre.

Javerlhac, 2ᵉ jeudi de janvier, 2 et 2ᵉ jeudi de février, 2ᵉ jeudi de mars, avril, mai, juin, juillet, septembre, octobre, novembre, décembre, lundi après le 3 août.

Jumillac, 1ᵉʳ mercredi de février, mercredi avant les Rameaux, 7 mai, 1ᵉʳ mercredi de juin, 1ᵉʳ lundi de septembre, dernier mercredi d'octobre, mercredi avant Noël. Marché aux porcs, 3ᵉ mercredi de février.

Lachapelle-Faucher, 2ᵉ jeudi de janvier, février, 25 mars, 19 juin, 2 septembre.

Lanouaille, 2ᵉ mardi de janvier, 14 février, 2ᵉ mardi de mars, avril, mai, juin, juillet, 1ᵉʳ mardi d'août, 2ᵉ mardi de septembre, octobre, novembre et décembre.

Léguilhac, 2 janvier, 3 février, 30 mars, 24 juin, lundi après le 22 septembre, 20 novembre.

Mareuil, 1ᵉʳ mardi de février, 1ᵉʳ mars, mercredi de Pâques et de Pentecôte, 1ᵉʳ mardi de juillet, 28 août, 1ᵉʳ mardi d'octobre, 12 novembre, 28 décembre. Marché le mardi.

Mialet, 1ᵉʳ lundi de février, 2ᵉ lundi après le carnaval, lundi de Pâques, lundi de Pentecôte, lundis avant saint Jean, après saint Roch, avant saint Michel, avant sainte Catherine, avant Noël. Marchés les lundis.

Millac, 1ᵉʳ jeudi d'avril et août, 11 novembre.

Monsec, 3ᵉ jeudi de février, lundi après le 8 septembre.

Nontron, 18 février, 2 avril, 30 mai, 13 août (2 jours), 18 octobre, 20 décembre, 2ᵉ samedi de chaque mois.

Payzac, 2 janvier, 3 février, 1ᵉʳ et 24 mars, 25 avril, 21 mai, 1ᵉʳ et 25 juin, 22 juillet, 16 août, 21 septembre, 10 octobre, 2 et 25 novembre, 17 déc.

Quinsac, dernier lundi de mars, 22 mai, 2ᵉ lundi de septembre, 22 nov.

Rochebeaucour (La), 1ᵉʳ jeudi de chaque mois.

Rudeau, dernier lundi de juillet, 14 décembre.

Saint-Crépin, 10 mars, 2 août, 18 novembre.

Saint-Cyr, 28 janvier, avril, septembre et novembre.

Saint-Front-Larivière, 2ᵉ mardi de mars, 3ᵉ jeudi de septembre.

Saint-Jean-de-Cole, jeudi avant le mardi gras, 6 mai, mardi de la Pentecôte, 25 juin, 29 août, 3ᵉ jeudi d'octobre, 21 décembre.

Saint-Jory-de-Chalais, dernier dimanche de janvier, février, mars, mai, juin, juillet, août, octobre, novembre, décembre, lundi après saint Georges, mardi après saint Michel.

Saint-Martin-Fressengeas, 1ᵉʳ lundi de septembre, 26 décembre.

Saint-Pancrace, lundi après le 12 mai.

Saint-Pardoux-Larivière, 1ᵉʳ mardi de chaque mois, sauf avril et décembre 2ᵉ mardi.

Saint-Paul-la-Roche, 1er mardi de février et novembre.

Saint-Pierre-de-Cole, 2e lundi de janvier, dernier jeudi de mars, 2e lundi de juin, 20 août.

Saint-Saud, dernier jeudi de janvier, février, mars, avril, juin, juillet, août, septembre, octobre, novembre, mercredi des Rogations, jeudi avant Noël.

Saint-Sulpice-d'Excideuil, dernier vendredi de janvier, premier vendredi de mars et mai, lundi après le dernier dimanche d'août, premier vendredi d'octobre, dernier vendredi de novembre.

Sarrazac, 4e mardi de mars et décembre.

Savignac-Lédrier, dernier samedi de janvier, 26 septembre.

Thiviers, 1er samedi de janvier, février, avril, mai, juin, juillet, octobre, novembre, décembre, lundi de la mi-carême, 10 août, 14 sept.

Varaignes, 5 de chaque mois, 11 novembre.

Vaunac, 3e mardi de février, mai.

Vieux-Mareuil, 2e lundi de février et août, 8 mars, avril, juin.

Villars, 25 janvier, jour des Cendres, 19 mars, 2e mercredi d'avril, 11 mai et juin, 1er juillet, 12 août, 10 septembre, 28 octobre, 30 nov., 31 décembre.

ARRONDISSEMENT DE PÉRIGUEUX

Agonac, foires et marchés 2e mardi de chaque mois.

Annesse-et-Beaulieu, à Gravelle, dernier samedi d'avril, mai.

Azerac, dernier lundi de février, mercredi avant les Rameaux, dernier lundi de mai, mercredi avant saint Jean-Baptiste, 14 août, dernier lundi d'octobre et de décembre.

Badefol-d'Ans, 3e lundi de chaque mois.

Bassillac, 3e mardi de mai et de décembre.

Biras, 2e lundi de mai, 15 octobre.

Bourdeilles, 22 février, 23 avril, 25 août, 13 décembre.

Brantôme, 22 janvier, 1er vendredi de mars, vendredi saint, 2 mai, 1er vendredi de juin, d'août et de septembre, 11 octobre, 25 novembre.

Château-l'Evêque, 3e samedi de janvier, mai et novembre.

Cendrieux, 2e samedi de mars, de mai, samedi après le 28 août.

Coulaures, 1er mardi de février, d'avril, juin, octobre, 14 août, 3e mardi de décembre.

Coursac, 1er mardi de janvier et d'août.

Cubas, dernier vendredi de mars, mai, septembre et décembre.

Cubjac, 24 février, 16 août, 27 septembre.

Église-Neuve, lundi après Pâques, après Pentecôte, après 24 août, lendemain de Noël.

Excideuil, 17 janvier, 1er jeudi de mars, jeudi saint, 3 mai, 30 juin, 2e jeudi d'août, septembre, octobre et novembre, 18 octobre.

Fossemagne, 1er lundi avant le 25 janvier, 2e lundi avant saint Ménoire, 3e lundi avant le 16 août.

Génis, 2e lundi de chaque mois, 29 avril, 25 mai.

Girgnols, mardi de Pâques, 7 septembre, 30 novembre, 28 décembre.

6

Hautefort, 1er lundi de chaque mois.

Ladouze, jeudi saint, 30 avril, 30 novembre.

Langnau, lundi gras, lundis de Pâques et de Pentecôte, 30 août, 2 nov., 26 décembre.

Ligneux, 3 février, 24 août, 28 décembre.

Lisle, 1er mardi de janvier, mars, mai, juillet, septembre, mardi après Pâques, mardi après Pentecôte, 1er mardi après le 11 novembre.

Mensignac, lundi après le 25 janvier, lundi de Pâques, 1er lundi de novembre.

Montanceix, 3e mardi d'avril, dernier mardi de novembre.

Négrondes, lundi après le 12 mars, 1er mardi d'août, 17 décembre.

Périgueux, 7 janvier, mercredi de la mi-carême, 26 mai (2 j.), 26 juillet, 1er mercredi de septembre, 2e samedi de février, mars, avril, mai, juin, juillet, août, octobre, novembre et décembre.

Razac-sur-l'Isle, 1er mardi de mai et de décembre.

Saint-Astier, jeudi après les Rois, jeudi avant le jeudi gras, jeudi mi-carême, dernier mardi d'avril, octave de la Fête-Dieu, jeudi avant le 15 août, jeudi après le 21 octobre, dernier mardi de novembre. Marché le jeudi.

Sainte-Constance, 18 octobre.

Sainte-Eulalie-d'Ans, samedi saint, samedi avant le 24 juin, samedi après le 10 décembre, veille de la fête.

Saint-Front-d'Alemps, 26 janvier, 2e mardi de juin.

Saint-Julien-de-Bourdeilles, 8 mars, 30 août.

Saint-Mémin, vendredi avant le vendredi gras, 1er samedi de mai, dernier samedi d'octobre.

Saint-Orse, samedi avant le 25 janvier, samedi saint, veille de Pentecôte, samedi avant saint Jean et sainte Germaine, veille de la fête de Saint-Orse, 7 septembre.

Saint-Pierre-de-Chignac, 2e samedi après la foire des Rois de Périgueux, 1er samedi de carême, après Pâques, après la Saint-Jean, 29 septembre, 25 novembre.

Savignac-les-Églises, dernier lundi de chaque mois.

Sorges, 20 janvier, 1er mardi de mars, mai, septembre, décembre, 24 juin, 1er lundi d'août, 8 novembre.

Thenon, mardi qui précède de 15 jours le carnaval (foire grasse), mercredi après Pâques et après la Pentecôte. Marché le mardi.

Tourtoirac, dernier lundi de janvier, dernier samedi de mars, juin, juillet, 30 avril, novembre, avant-dernier vendredi de décembre.

Valeuil, 1er jeudi après la Toussaint.

Vergt, 1er vendredi de janvier, 2e vendredi avant le mardi gras, vendredi saint, vendredi après le 24 juin, 11 août, 4 décembre.

ARRONDISSEMENT DE RIBÉRAC

Allemans, 1er lundi de mars, mai, décembre, lundi après le 1er dimanche d'août.

Bourg-du-Bost, 2e jeudi de mai, 14 août.

Brassac, dernier lundi d'octobre.

Celles, samedi gras, lundi de Pâques, lundi après le 1er dimanche d'août, 26 décembre.

Cercles, 25 février, dernier samedi d'octobre.

Champagne-Fontaine, 7 janvier, 2e lundi de carême, 25 avril, juin, 29 août, 2 novembre.

Chapdeuil, jeudi gras, 11 juin, 20 août, 4 octobre, 6 décembre.

Cherval, 2 avril, juin, septembre, décembre.

Douzillac, mardi après le 22 janvier, lundi après le 24 août.

Echourgnac, 3e lundi de janvier, avril, juillet, octobre.

Eygurande, dernier lundi de mars, mai, 1er lundi après le 3 août (à Gardedeuilh), 25 juin, 10 septembre.

Fontaines, jour des Cendres, 6 mai, 1er mardi de juin, 27, 28, 30 sept.

Gouts-Rossignol, 20 mai, 28 octobre.

Lajamaye, 7 janvier, 3e lundi de mai, 26 juillet.

Lalatière, 30 avril, 11 juin, 17 juillet, 16 août, 10 septembre.

Montagrier, 2 mai, lundi après le 27 septembre.

Montpont, le 1er mercredi de février, mars, avril, mai, octobre et novembre.

Mussidan, samedi avant le jeudi gras, veille des Rameaux, samedi après la Toussaint, samedi avant Noël.

Nanteuil-de-Boursac, samedi avant le 3 février, lundi après le 25 juillet.

Neuvic, 3e mardi de chaque mois, vendredi après Pâques et le 16 août. Marché le vendredi.

Parcoul, 3e mercredi de mars, avril, mai, août.

Paussac, 30 mai, 28 novembre.

Pizou, 17 janvier, 3e vendredi de mai, juin, août, septembre et nov.

Ribérac, 2e vendredi de janvier, 1er vendredi de carême (chevaux), vendredi de mi-carême, vendredi avant les Rameaux, lendemain de la Trinité (2 j., chevaux), 1er vendredi de juillet, août, septembre, octobre, vendredi avant le 25 novembre (chevaux).

Roche-Chálais (La), 22 février, 1er août, 25 octobre, 1er jeudi de chaque mois.

Saint-André-de-Double, 3e lundi de mars, juin, septembre, lundi après le 30 novembre.

Saint-Apre, samedi avant le jeudi gras, samedi avant le 11 juin, 2e samedi d'octobre, dernier lundi de décembre.

Saint-Aquilin, lundi après le 3 février, dernier lundi avant le 30 avril.

Sainte-Aulaye, Fête-Dieu, 1er mardi de chaque mois.

Saint-Barthélemy-de-Bellegarde, 2e vendredi de mars, avril, juin, lundi après le 24 août.

Saint-Geniez, dernier lundi de janvier, lundi après le 22 février, lundi de Pâques et de Pentecôte, lendemain de saint Roch et de Noël.

Saint-Just, 1er lundi de carême, lundi après le 24 juillet et le 14 octobre.

Saint-Laurent-des-Hommes, 1er lundi après la mi-carême, 1er lundi de mai et de novembre.

Saint-Martial-Viveyrol, 2e jeudi de mars, 3e jeudi de novembre.

Saint-Méard-de-Dronne, 1er lundi de janvier.

Saint-Michel-de-Double, 1er lundi d'avril, lundi de Pentecôte, 1er lundi après le 29 septembre.

Saint-Michel-Léparon, lundi de Pâques, de Pentecôte, 16 août.

Saint-Privat, 2e lundi de chaque mois, lundi de Pâques.

Saint-Sulpice-de-Roumagnac, lundi avant le 22 janvier, lundi après le 27 août.

Saint-Vincent-de-Connazac, lundi après le 22 janvier, lundi de Pentecôte, lundi après le 16 août, lundi après le 3 novembre. Marché les lundis.

Segonzac, 1er samedi de décembre.

Siorac, 1er lundi d'avril, lundi après le 1er dimanche d'août.

Tocane, dernier lundi de décembre.

Tour-Blanche (La), 20 janvier, le mereredi gras, 25 mars, 15 mai, 10 septembre, 8 novembre, 21 décembre.

Vauxains, 1er lundi de février et juin, lundi après le 8 septembre (remise au samedi précédent si ce lundi est le 10), 3e lundi de déc.

Vendoire, 29 mars.

Verteillac, 17 janvier, lundi avant le lundi gras, 19 mars, 3e jeudi d'avril, 10 mai, 15 juin, 3e jeudi de juillet, 16 août, 3e jeudi de septembre, 9 octobre, 25 novembre, 3e jeudi de décembre.

ARRONDISSEMENT DE SARLAT

Aillac, 1er janvier, 1er mardi d'avril, août, novembre.

Auriac, lundi saint, lundi avant Pentecôte, 23 juin, 13 août.

Beauregard, 2e lundi de février et d'août.

Belvès, 13 janvier, 1er février, dernier samedi de février, 26 mars, 2e samedi d'avril, 1er samedi de mai, 1er juin, 1er samedi de juillet, 14 août (3 jours), 7 septembre, 1er et dernier samedi d'octobre, 25 novembre, 9 décembre.

Berbiguières, 16 mars, avril, septembre, 1er lundi d'octobre.

Besse, 23 août.

Beynac, 28 de chaque mois.

Borrèze, mardi après la mi-carême, 18 mai, 10 août, 3 septembre.

Bugue (Le), 7 janvier, 25 février, 25 avril, 25 août (4 j.), 30 septembre, 3e mardi de chaque mois.

Campagne, 29 mars, 25 juin, 29 octobre.

Carlux, 2e mardi de janvier, mercredi des Cendres, 2e mardi d'avril, 4e mardi de juin, 2e mardi de septembre, 4e mardi d'octobre, 1er décembre. Marché le mardi.

Carvès, 1er mardi de mai, 2e jeudi d'octobre.

Cénac, 1er mardi de janvier, mars, mai, juillet.

Champagnac, 5 janvier, 17 août, 13 septembre.

Chapelle-Aubareil (La), 2e vendredi avant le mardi gras, 4e vendredi d'avril, 2e vendredi de juillet, septembre.

Chapelle-Péchaud (Le), 1er mercredi de chaque mois.

Châtres, mercredi avant le mardi gras, 1er samedi de mai, août.

Chavagnac, dernier lundi de mars, 1er lundi de mai, 10 juillet, 10 sept.

Condat-sur-Vézère, 2ᵉ lundi de mars, mai.
Coux, 1ᵉʳ mercredi de février, 4ᵉ mardi de mars, mai, juillet, 4ᵉ lundi d'octobre, 1ᵉʳ mercredi de décembre.
Daglan, jeudi gras, 1ᵉʳ vendr. d'avril, mai, juin et oct., 12 nov., 22 déc.
Doissac, 11 juillet, 30 septembre, 31 décembre.
Domme, 1ᵉʳ lundi de chaque mois.
Domme-Basse (ch.-l. de Génac), 1ᵉʳ mardi de mars, juin et sept.
Eyzies (Les), 2ᵉ lundi de janvier, 2ᵉ jeudi de février et d'avril, 4ᵉ jeudi de mai, 2ᵉ jeudi de juillet et de septembre, 2ᵉ lundi de novembre.
Fanlac, 2ᵉ lundi d'avril, mai, juin, juillet, août, septembre.
Fleurac, 2ᵉ mardi de chaque mois.
Grives, 2 août, 11 septembre, 25 octobre.
Groléjac, 2ᵉ lundi de chaque mois.
Journiac, 2ᵉ jeudi d'avril, septembre.
Labachellérie, 22 juillet.
Ladornac, 1ᵉʳ lundi d'avril et de juin.
Laroque-Gageac, 3ᵉ mercredi de février, avril, juillet, 3ᵉ lundi d'oct.
Latrape, 6 janvier, 24 mars, avril, mai, juin, août, 26 juillet.
Marquay, 3ᵉ jeudi de janvier, avril, juillet et octobre.
Meyrals, 1ᵉʳ jeudi de chaque mois.
Miremont, 3ᵉ mercredi de chaque mois.
Montignac, 2ᵉ et dernier mercredi de chaque mois, 17 janvier, mercredi des Cendres, vendredi saint, 25 novembre.
Nabirat, 3 janvier et février, 23 avril, 3 décembre.
Nadaillac, 22 mars, avril, 23 mai, 6 juillet.
Orliac, 20 septembre.
Pazayac, 2ᵉ lundi de mars, avril, mai, août.
Peyrillac, 5 janvier, 22 avril.
Plazac, 3 février, 3ᵉ jeudi de chaque mois.
Prats-de-Belvès, 23 mars, 25 juin, 23 septembre.
Rouffignac, 25 janvier, dernier lundi de chaque mois.
Saint-Amand-de-Coly, 12 janvier, 2ᵉ lundi d'août.
Saint-Chamassy, 16 mars, juin, novembre.
Saint-Cyprien, 2 janvier, 2 novembre, 2ᵉ lundi et 4ᵉ vendredi de chaque mois.
Saint-Félix-de-Reillac, 4ᵉ mercredi de chaque mois.
Sainte-Foy-Belvès, 17 août.
Saint-Geniès, lundi de Pâques, de Pentecôte, 1ᵉʳ lundi de juillet, après le 16 août, 1ᵉʳ lundi d'octobre, lendemain de Noël et dernier lundi des autres mois.
Saint-Germain, 23 mai, 31 juillet.
Saint-Julien-de-Lampon, 6 juin, 19 septembre, 24 décembre.
Saint-Laurent-Castelnaud, 23 juin, 9 août, 2ᵉ mardi de février, mars, avril, mai, octobre.
Saint-Léon-sur-Vézère, 1ᵉʳ lundi de chaque mois.
Saint-Martial, 15 de chaque mois.
Saint-Pompont, 20 janvier, dernier février, 29 mars, avril, mai, juin, juillet, septembre, octobre, décembre, 28 août.

6.

Saint-Rabier, 29 janvier, samedi après le 30 avril, 29 juin.
Salignac, 2e jeudi de chaque mois, 20 janvier, 22 février, 9 décembre, dernier vendredi de mars, avril, mai, juin, juillet, août, septembre, octobre, novembre et décembre. Marché le jeudi.
Sarlat, 4e samedi de janvier, mercredi de la mi-carême, 5 juillet, 6 décembre. Marché aux bestiaux tous les samedis.
Sergeac, 3e vendredi de mars, mai, juillet, octobre.
Siorac, 18 janvier, février, mars, avril, mai, juin, juillet, août, septembre, octobre, 11 novembre et 22 décembre.
Terrasson, 1er jeudi de chaque mois, 1er jeudi de janvier (grasse), 1er février, 7 juin (chevaux), 27 août, 11 novembre (chevaux). Marché tous les jeudis.
Thonac, 1er vendredi de janvier, mai, août, novembre.
Tursac, 3e lundi de chaque mois.
Valojoux, 3e lundi avant le mardi gras, lundi après les Rameaux, 1er lundi après le 10 août.
Villac, 4e lundi de chaque mois.
Villefranche-de-Belvès, 2 et 25 janvier, samedi gras, mercredi de la mi-carême, lundi de Quasimodo, 8 mai, 10 juin, 24 juillet, 16 août, 28 septembre, 10 novembre, 4 décembre.

FOIRES DU DÉPARTEMENT DU LOT

ARRONDISSEMENT DE CAHORS

Albas, 2e lundi de chaque mois, excepté celle du mois des Cendres, qui se tient le lundi gras, et celle d'août, qui se tient le 1er lundi après le 9 août.
Anglars-Juillac, 12 mars, lundi après le 10 août.
Arques, 10 janvier, 10 mars, 10 avril, 10 mai, 12 août.
Aujols, 5 février, 25 juin, 10 décembre.
Bach, 3 février, 20 mars, 25 mai, 18 août, 18 septembre, 15 décembre.
Beauregard, 27 de chaque mois.
Bélaye, 25 juillet, 25 novembre.
Belfort, 10 janvier, 29 novembre.
Belmont, 2 janvier, 22 mai, 18 novembre.
Blars, 23 mars, 23 juin, 23 octobre, 23 décembre.
Boulvé, 10 janvier, 15 mai, 28 août.
Cabrerets, 9 mai, 3e lundi des autres mois.
Cahors, 3 janvier, 3 août, 3 novembre et le 1er des autres mois.
Caillac, 8 janvier, février, mars, avril, mai, juin, octobre.
Cassagnes, 29 août.
Castelfranc, 10 de chaque mois, à l'exception de la foire du jeudi gras, qui se tient le même jour, et celle d'août, qui se tient le 16.
Castelnau, 2e mardi de chaque mois.

Catus, 13 janvier; 6 et 25 février, 20 mars, 12 avril, 6 et 24 mai, 12 juin, 3 et 24 juillet, 13 et 30 août, 22 septembre, 22 oct., 23 nov., 17 déc.

Cazals, 27 de chaque mois, excepté celle de décembre qui se tient le 28.

Cénevières, 20 mai, 20 décembre.

Concots, 13 janvier, 30 avril, 4 septembre, 23 novembre.

Cours, 18 avril, 15 novembre.

Cremps, mercredi après Pâques, 9 septembre, 16 novembre, 29 déc.

Douelle, 18 janvier, février, mars, avril, 20 octobre, 18 novembre, déc.

Duravel, 1er samedi de chaque mois et le lendemain de la fête patronale, qui a lieu le dimanche le plus rapproché du 23 octobre.

Escamps, 21 janvier, 12 mai, 7 novembre.

Esclauzels, 15 mars, 20 novembre.

Fargues, 13 janvier, mars, août et octobre.

Floressas, 7 janvier, 8 mars, 13 août, 30 novembre.

Fontanes, 10 février, 30 mai, 3 septembre, 14 novembre.

Frayssinet-le-Gélat, 16 janvier, 1er jeudi de février, mars, avril, mai, juin, juillet et août, 2 septembre, 1er jeudi d'octobre, nov. et déc.

Gigouzac, 3 mai, 30 juin, 17 novembre.

Grézels, 15 janvier, fin février, 29 mars, avril, mai, juin, juillet, 31 août, 29 septembre.

Junies (Les), 28 janvier, 8 février, 8 mars, 28 avril, 8 mai, 8 juin, 28 juillet, 8 août, septembre, octobre, novembre, 7 décembre.

Lalbenque, dernier mardi de chaque mois, à l'exception de celle de décembre qui se tient la veille de Noël.

Laramière, 27 février, 27 mai, 23 septembre, 27 décembre.

Lascabanes, 10 janvier, 11 février, 15 mai, 15 juillet, 11 octobre, 20 novembre, 11 décembre.

Lauzès, 20 mai et le 5 des autres mois.

Lentillac, 1er avril, 4 mai, 20 décembre.

Lherm, 6 janvier, 10 décembre.

Limogne, lundi gras, 1er avril et juin, 6 novembre.

Luganhac, 8 janvier et mai, 29 octobre.

Luzech, dernier mardi de chaque mois.

Marcillac, 20 févr., mars, 16 mai, 20 juin, 16 août, 20 sept., 11 oct., 3 nov.

Marminiac, 9 janvier et le 7 des autres mois.

Mauroux, 9 février, mars et avril, 2 et 22 mai, 9 juin, 4 août, 9 septembre, novembre et décembre.

Mondoumerc, 14 mars, 18 mai, 13 août, 22 novembre.

Montcabrier, 14 janvier, février, mars, avril, mai, juin et juillet, 17 et 27 août, 12 septembre, 17 octobre, 26 novembre, 14 décembre.

Montcuq, 26 janvier, 15 février, 3 et 22 mars, 26 avril, 28 mai, 1er juillet, 2 août, 8 septembre, 19 octobre, 15 novembre, 31 décembre.

Pern, 6 mai, 28 juin, 10 novembre.

Pomarède, 13 novembre, 19 décembre.

Prayssac, 22 janvier, 24 août et le 16 de chaque mois.

Promilhanes, 17 avril, 1er juillet, 21 septembre, 16 novembre.

Puy-l'Evêque, 1er mercredi de chaque mois.

Saillac, 5 février, 9 mai, 2 août, 11 novembre.

Saint-Caprais, 18 février, juin et juillet, 19 des autres mois.
Saint-Cernin, 24 avril, 28 mai, 5 octobre, 30 novembre.
Saint-Géry, 25 avril, 6 novembre.
Saint-Martin-de-Vers, 4 février, 13 et 26 novembre.
Saint-Martin-Labouval, 28 avril, 13 novembre.
Saint-Pantaléon, 29 janvier, 16 février, 18 décembre.
Saint-Vincent, 24 janvier, 7 novembre.
Sauzet, 2e jeudi de chaque mois.
Varaire, 24 janvier, avril, 30 août, 2 novembre.
Vaylats, 1er mars, 15 mai, 15 octobre.
Vers, lundi de Quasimodo, 31 mai, 27 octobre, 9 décembre.

ARRONDISSEMENT DE FIGEAC

Anglars, 26 janvier, 23 novembre, 13 décembre.
Assier, 7 janvier, 5 mars, 17 mai, 5 juin, 14 septembre, 9 novembre.
Autoire, 15 janvier, 15 mars, 15 septembre, 15 novembre.
Aynac, 2 janvier, samedi de Quasimodo, 18 mai, 1er sept., 3 nov.
Bagnac, 3 de chaque mois.
Béduer, 19 février, 19 mars, 19 septembre.
Bio, 4 mars, 4 avril, 1er juillet, 28 août, 28 novembre.
Bonneviole (Prudhomat), 26 juillet (3 jours).
Brengues, 12 juin, 12 novembre.
Bretenoux, 12 de chaque mois et 26 novembre.
Cahus, 15 mars, 15 avril, 15 novembre, 14 décembre.
Cajarc, 10 et 25 de chaque mois.
Calviac, 14 février, 14 avril, 24 septembre, 24 novembre.
Capdenac, 20 février, 20 et 21 avril, 8 juin, 4 septembre, 20 décembre.
Carayac, 5 et 29 mai, 9 novembre.
Cardaillac, 25 de chaque mois.
Comiac, 18 avril, 12 mai, 24 juin, 8 août, 26 octobre et 18 décembre.
Corn, 4 mai, 3 juin.
Cornac, 4 janvier, 16 mars, 4 avril, 13 mai, 15 novembre.
Espédaillac, 4 janvier, 7 et 28 mai, 25 août et 17 novembre.
Faycelles, 24 mars, 10 mai, 1er juin.
Felzins, 13 mai, 13 septembre, 13 décembre.
Figeac, 15 de chaque mois, et 23 avril.
Fons, 22 de chaque mois.
Frayssinhes, 12 mars, avril, mai, 16 octobre, novembre, décembre.
Gagnac, 2 janvier, 17 août.
Grèzes, mercredi après Pâques.
Issendolus, 5 janvier, avril, mai, décembre.
Labastide-du-Haut-Mont, 21 mars, 12 avril, lendemain de l'Ascension,
  3 juin, 12 juillet, 12 août, 9 sept., 9 oct., 17 nov., 4 déc.
Lacapelle-Marival, 8 de chaque mois, 25 juin.
Larnagol, 3 mai, 25 novembre.
Latronquière, 10 de chaque mois.
Lentillac-près-Figeac, 7 mars, 5 juillet, 5 novembre.

Leyme, 12 février, 12 avril, 12 juin, 12 août, 12 octobre, 12 décembre.
Lissac, 10 mars, 30 juillet.
Loubressac, 25 janvier, 4 mars et mai, lundi de Quasimodo, 4 et 16 juin, 26 décembre.
Molières, 3 février, 31 mai.
Puybrun, 10 et 27 janvier, février, mars, avril, mai, 27 juin, juillet, août, septembre, octobre, novembre, décembre. Marché le mardi.
Rouqueroux, 2 janvier et juin, 1er des autres mois.
Rudelle, mardi après le 15 de chaque mois.
Saint-Céré, 1er lundi de carême, lundi des Rameaux, 6 et 22 de chaque mois sauf décembre, où elle est le 1er. Marché le lundi et le jeudi.
Saint-Jean-de-Laur, 13 avril, 23 juin, 14 septembre, 20 novembre.
Saint-Sulpice, 1er mai.
Sousceyrac, 4 janv., févr., mars, mercr. des Cendres, mercr. de Pâques, 4 avril, 4 et 17 mai, 4 juin, juillet, août, sept., oct., 12 nov., 7 déc.
Terrou, 24 janvier, mars, mai, juillet, septembre, novembre.
Teyssieu, 13 de chaque mois, sauf décembre le 10.
Thémines, 11 mai, 18 octobre.

ARRONDISSEMENT DE GOURDON

Alvignac, jeudi avant le jeudi gras, 21 août.
Bétaille, 20 janvier, 24 avril, 31 mai, 14 juin.
Biac (Gavaguac), 2 mai.
Calès, 2 février, 27 avril, 5 juin, 18 novembre.
Caminel (Fajoles), 11 août.
Camy (Payrac), 3 février, 23 avril, 17 août.
Caniac, 25 janv., 18 mars, 12 et 29 mai, 25 juin, 1er août, 9 sept., 20 nov.
Carennac, 4 mars, 4 avril, 4 août, 4 novembre.
Carlucet, 3 et 26 mai, 5 novembre.
Cazillac, 8 févr., mars, avril, mai, juin, juillet, août, sept., oct., déc.
Concorès, 26 mars, 9 mai, 26 juin, 4 décembre.
Couzou, 20 mai, 20 octobre.
Cressensac, 5 de chaque mois.
Creysse, 11 mars, avril, juin.
Cuzance, 7 janvier, février, mars, juin, 4 août, 7 novembre, décembre.
Dégagnac, 1er de chaque mois, excepté août où elle se tient le 14.
Dégagnazès (Peyrilles), 9 septembre.
Fajoles, 2e mardi de février, mai et novembre.
Floirac, 29 mars, 29 avril, 29 mai, 29 juin, 29 novembre.
Fontanes-Lunegarde, 18 mai, 7 juin, 18 août, septembre, novembre; 20 avril et 20 mai à Lunegarde.
Frayssinet, 1er mardi de chaque mois et le lundi gras.
Gignac, 25 mars, juin et août.
Ginouillac, 2e lundi de janvier, mars, août et novembre.
Goudou (Labastide-Murat), 8 mai.
Gourdon, 7 et 29 janv., 1er vendr. de carême, sam. après la mi-carême, mercr. après Pâques, 3e sam. après Pâques, lendem. de l'Ascension,

sam. après la Pentecôte, 30 juin, 22 juillet, 14 août, sam. après la
Saint-Louis, sam. après le 18 sept., 9 oct., sam. après la Toussaint,
1er sam. après la Sainte-Catherine, 14 déc.

Gramat, 20 janv., jeudi gras, mercr. de mi-carême, 26 mars, 25 avril,
15 mai, 3 et 30 juin, 28 juillet, 20 août, 10 et 29 sept., 31 oct., 20 nov.,
6 et 31 déc. (Si le 31 déc. est un jour férié, la foire se tient le 30).

Labastide-Murat, 2e lundi de chaque mois, 4 février, 5 et 25 mai,
10 juin.

Lamothe-Fénelon, 18 janvier, 3e jeudi de carême.

Lavercantière, 13 janvier, mai, juillet, décembre.

Lavergne, lundi gras, veille des Rameaux, 5 mai, 6 juin, 20 septembre,
20 décembre.

Martel, 16 janvier, 1er jour de carême, samedi après la mi-carême, samedi saint, lundi après l'Ascension, 23 juin, 2e samedi de juillet, 2 et
26 août, 2e samedi de septembre, octobre, 3 novembre, 4 et 24 décembre.

Meyronne, 6 février, mars, avril, mai et juin.

Miers, lundi avant le lundi gras, 2 mai, 12 novembre.

Milhac, jeudi avant le jeudi gras, avant l'Ascension, 3 avril, 6 juillet
26 août, 4 octobre, jeudi avant sainte Catherine, 21 décembre.

Montfaucon, 10 et 28 mai, 11 et 26 novembre.

Nadaillhac, 3 mai, 1er août, 11 novembre, 27 décembre.

Payrac, 1er jeudi de janvier, février, avril, mai, juillet, août, octobre,
novembre, décembre, 2e lundi de carême, 9 juin, lundi après le
29 août. Marché tous les jeudis.

Peyrilles, 29 décembre.

Pinsac, 9 février, 28 juin.

Reilhaguet, lundi après le 2 février, 17 mai, 1er jeudi de septembre.

Roc-Amadour, 24 mars, 4 mai, 24 mai et septembre, 25 nov., 16 déc.

Saint-Chamarand, 8 janvier, 10 mars, 28 septembre, 4 décembre.

Saint-Clair, lendemain de Quasimodo, 2 juin, 14 septembre, 9 décembre.

Saint-Denis-lès-Martel, 20 de chaque mois, sauf janvier et août le 21.

Saint-Germain, le 22 de chaque mois, excepté celles de juillet, septembre et octobre, qui ont lieu le 25.

Saint-Projet, 26 janvier, 26 février, 24 mars, 6 mai, 17 novembre, 11 décembre.

Saint-Sozy, 12 de chaque mois.

Salviac, 20 de chaque mois. Marché le vendredi.

Souillac, 1er et 19 juin, 4 et 19 des autres mois, mardi avant le mardi
gras, 1er et dernier lundi de carême.

Strenquels, 9 mars, 12 septembre.

Thédirac, 3 janvier, 18 août et novembre.

Uzech-des-Houles, 6 décembre.

Vaillac, 30 avril, 2 mai, 25 novembre.

Vayrac, les 1er et 17 de chaque mois.

Vigan (Le), 12 janvier, 1er lundi de carême, 2 mai et août, 17 octobre
et décembre.

CHÊNES, NOISETIERS
TRUFFIERS
DISPONIBLES EN QUANTITÉS

§ 1. CHÊNES TRUFFIERS
DES MEILLEURES VARIÉTÉS DU PÉRIGORD ET DU LOT
Médaille d'or du Ministère de l'Agriculture
pour pépinières de *Chênes Truffiers* et *Truffes*
au dernier Concours régional de Périgueux.
Plants de trois ans : le *cent*, **6** fr.; le *mille*, **50** fr.

Noisetiers-Truffiers
Plants de 50 centimètres de hauteur, **10** fr. le *cent*. — Plants
de 1 mètre, **15** fr. le *cent*. — Forts baliveaux détachés de
pieds producteurs : la *pièce*, **50** cent.
Glands de Chênes Truffiers *stratifiés, livrables jusqu'en mars*.
Le *litre*, **20** cent. — Les 20 *litres*, **4** fr.

§ 2. PLANTS DE PÊCHERS
Collection des trente meilleures variétés de Pêchers
(mûrissant de juin à novembre).
Spécialement recommandées pour la culture en plein vent.
Prix : la *pièce*, **1** fr.; les *dix*, **8** fr.; la *collection*, **22** fr.
Tiges d'un an, greffées sur franc, ou sur amandier, au choix.

§ 3. KAKIS DU JAPON
Arbres superbes au point de vue décoratif et produisant des fruits
comestibles excellents et très beaux.
Prix : la *tige d'un an*, **1** fr. **75**; les *dix tiges*, **17** fr.;
les *vingt tiges*, **32** fr.

§ 4. NOYERS
Plants de 3 ans. Tiges de 50 cent. à 1 mètre de hauteur.
La *tige*, **25** cent.; le *cent*, **20** fr.
Plants de 5 ans. Tiges de 1 m. 50 à 2 mètres de hauteur.
La *pièce*, **75** cent.; les *dix*, **7** fr.; le *cent*, **60** fr.
Forts baliveaux de noyers. Très belles tiges de 2 mètres à
3 mètres de hauteur bien racinées. **1** fr. à **1** fr. **25** la *tige*.

Adresser toutes les demandes à **M. Á. DE BOSREDON,** propriétaire à **La FAUCONNIE,**
par Terrasson (Dordogne).

TABLE DES MATIÈRES

SOCIÉTÉ ANONYME D'IMPRIMERIE DE VILLEFRANCHE-DE-ROUERGUE
Jules BARDOUX, Directeur.